星云法语

生活·读书·新知 三联书店

04

如何渡难关

智慧

星云大师 著

Copyright © 2015 by SDX Joint Publishing Company
All Rights Reserved.
本作品版权由生活·读书·新知三联书店所有。
未经许可,不得翻印。
本书由上海大觉文化传播有限公司独家授权出版中文简体字版。

图书在版编目(CIP)数据

如何渡难关:智慧/星云大师著.—北京:生活·读书·新知三联书店,2015.5

(星云法语)

ISBN 978-7-108-05223-0

Ⅰ.①如⋯ Ⅱ.①星⋯ Ⅲ.①佛教－人生哲学－通俗读物 Ⅳ.①B948-49

中国版本图书馆 CIP 数据核字(2015)第 020165 号

责任编辑	罗　康
封面设计	储　平
责任印制	卢　岳　张雅丽
出版发行	生活·讀書·新知 三联书店
	(北京市东城区美术馆东街 22 号)
邮　编	100010
印　刷	三河市嘉科万达彩色印刷有限公司
版　次	2015 年 5 月北京第 1 版
	2015 年 5 月北京第 1 次印刷
开　本	880 毫米×1230 毫米　1/32　印张　7.625
字　数	160 千字
印　数	00,001—12,000 册
定　价	28.00 元

总序　十把钥匙

星云大师

《星云法语》是我在台湾电视公司、"中国电视公司"、"中华电视公司"三十年前的"三台时代",为这三家电视台所录像的节目。后来在《人间福报》我继《迷悟之间》专栏之后,把当初在三家讲述的内容,再加以增补整理,也整整以三年的时间,在《人间福报》平面媒体与读者见面。

因为我经年累月云水行脚,在各地的佛光会弘法、讲说,断断续续撰写《星云法语》,偶有重复,已不复完全记忆。好在我的书记室弟子们,如满义、满观、妙广、妙有、如超等俄而提醒我,《人间福报》的存稿快要告罄了,由于我每天都能撰写十几则,因此,只要给我三五天的时间,我就可以再供应他们二三个月了。

像这类的短文,是我应大家的需要在各大报纸、杂志上刊登,以及我为徒弟编印的一些讲义,累积的总数,已不下两千万字了。《星云法语》,应该说是与《迷悟之间》、《人间万事》同一性质的短文,都因《人间福报》而撰写。承蒙读者鼓励,不少人希望结集成书,香海文化将这些文章收录编辑,文字也有百余万字,共有十集,分别为:一、精进;二、正信;三、广学;四、智慧;五、自觉;六、正见;

七、真理；八、禅心；九、利他；十、慈悲。

　　这套书在《人间福报》发表的时候，每篇以四点、六点，甚至八点阐述各种意见，便于记忆，也便于讲说，有学校取之作为教材。尤其我的弟子、学生在各处弘法，用它作为讲义，都说是得心应手。

　　承蒙民视电视台也曾经邀我再比照法语的体裁，为他们多次录像，并且要给我酬劳。其实，只要有关弘法度众，我都乐于结缘，所以与台湾的四家无线电视台都有因缘关系。而究竟《星云法语》有多大的影响力，就非我所敢闻问了。

　　承蒙知名学者李家同教授、洪兰教授、台中胡志强市长，以及善女人赵辜怀箴居士，为此套书写序，一并在此致谢。

　　是为序。

于佛光山开山寮

推荐序一　宗教情怀满人间

李家同

星云大师的最新著作《星云法语》十册套书,香海文化把部分的文稿寄给我,邀我为序。8月溽暑期间,我自身事务有些忙碌;但读着文稿里星云大师的话,却能感觉到欢喜清凉。

《星云法语》里面有一篇我很喜欢,其中写道:"要有开阔包容的心胸、要有服务度生的悲愿、要有德学兼具的才华、要有涵养谦让的美德。"

多年来我从事教育工作,希望走出狭义的精英校园空间,真正帮忙各阶层弱势学生。看着莘莘学子,我想我和星云大师的想法很接近吧,就是教育一定要在每个角落中落实,要让最弱势的学生,能个个感受到不被忽略、不受到城乡资源差别待遇。

青年教育的目的,不就是教育工作者,希望能教养学生,成为气度恢弘的国民吗?

为勉励青年,星云大师写下"青年有强健的体魄,应该发心多做事,多学习,时时刻刻志在服务大众,念在普度众生,愿在普济社会"。

星云大师的话,让我想起《圣经》里的箴言:

"有了信心,又要加上德行;有了德行,又要加上知识;有了知识,又要加上节制;有了节制,又要加上忍耐;有了忍耐,又要加上虔敬;有了虔敬,又要加上爱弟兄的心;有了爱弟兄的心,又要加上爱众人的心。"(《圣经·彼得后书》)

宗教情怀,就是超越一切的普济精神。人间的苦难,如果宗教精神无以救济,那么信仰宗教毫无意义。不论是佛陀精神,或是基督精神,以慈爱的心处世,我想原则上没有什么不同。尤其是青年人,更应细细体会助人爱人的真谛,在未来起着社会中坚的作用。这样,我们现在办的教育,才真正能教养出"德学兼具"的青年,让良善能延续,社会上充满不汲汲于名利,助人爱人的和谐气氛。

香海文化出版的《星云法语》,收录了精彩法语共计1080篇,每一篇均意味深长,适合所有人用以省视自己,展望未来。"现代修行风"不分基督、佛陀,亲切的圣人教诲,相信普罗大众都很容易心领神会。

如今出版在即,特为之序。

(本文作者为台湾暨南大学教授)

推荐序二　安心与开心

洪　兰

在乱世,宗教是人心灵的慰藉,原有的社会制度瓦解了,一切都无法制、无规章,人民有冤无处伸,只有诉诸神明,归诸天意,以求得心理的平衡。所以在东晋南北朝时,宗教盛行,士大夫清谈,把希望寄托在另一个世界。历史证明那是不对的,这是一种逃避,它的结果是亡国。智者知道对现实的不满应该从改正不当措施做起,众志可以成城,人应该积极去面对生命而不是消极去寄望来生。星云大师就是一个积极入世的大师,他在海内外兴学,风尘仆仆到处弘法,用他的智慧来开导世人,他鼓励信徒从自身做起,莫以善小而不为,当每个人都变好时,这个社会自然就好了。这本书就是星云大师的话语集结成册,印出来嘉惠世人。

人在受挫折、有烦恼时,常自问:人生有什么意义,活着干什么?大师说,人生的意义在创造互惠共生的机会,这个世界有因你存在而与过去不同吗?科学家特别注重创造,就是因为创造是没有你就没有这个东西,没有莫扎特就没有莫扎特的音乐,没有毕加索就没有毕加索的画,创造比发现、发明的层次高了很多,人到这个世上就是要创造一个双赢的局面,不但为己,也要为人。英文谚语有一句: Success is when you add the value to yourself. Significance is when you add the value to others. 只有对别人也有利时,你的成功才是成功。所以大师说,生命在事业中,不在岁月上;在思想中,不在气息上;在感觉中,不在时间上;在内涵中,不在表相上。这是我所看到谈生命的意义最透彻的一句话。

挫折和灾难常被当作上天的惩罚,是命运的错误;其实挫折和灾难本来就是人生的一部分,不经过挫折我们不会珍惜平顺的日子,没有灾难不会珍惜生命。人是高级动物,是大自然中的一分子,不管怎么聪明、有智慧,还是必须遵行自然界的法则,所以有生必有死,完全没有例外。但是人常常参不透这个道理,历史上秦始皇、汉武帝这种雄才大略的人也看不到这点,所以为了求长生不老,倒行逆施,坏了国家的根基,反而是修身养性的读书人看穿了这点。宋代李清照说"今手泽如新,而墓木已拱……然有有必有无,有聚必有散,乃理之常。人亡弓,人得之,又胡足道"。看透这点,一个人的人生会不一样,既然带不走,就不必去收集,应该想办法去用有限的生命去作出无限的功业。

一个入世的宗教,它给予人希望,知道从自身做起,不去计较别人做了什么,只要去做,世界就会改变。最近有法师用整理回收物的方式带信徒修行,他不要信徒捐献金钱,但要他们捐献时间去回收站做义工,从行动中修行。我看了这个报道真是非常高兴,因为研究者发现动作会引发大脑中多巴胺(dopamine)这个神经传导物质的分泌,而多巴胺跟正向情绪有关,运动完的人心情都很好,一个跳舞的人即使在初跳时,脸是板着的,跳到最后脸一定是笑的。所以星云大师劝信徒,从动手实做中去修行是最有效的修行,对自己对社会都有益。

在本书中,大师说生活要求安心,心安才能体会人生的美妙,才听得到鸟语,闻得到花香,所以修行第一要做到心安,既然人是群居的动物,必须要和别人往来,因此大师教导我们做人的道理,列举了人生必备的 10 把钥匙,书的最后两册是要大家打开心胸,利他与慈悲,与一句英谚 You can give without loving, you can never love without giving 相呼应。不论古今中外,智者都看到施比受更有福。

希望这套书能在目前的社会中为大家浮躁的心灵注入一股清泉,人生只要心安,利人利己地过生活,在家出家都一样在积功德了。

(本文作者为台湾阳明大学神经科学研究所教授)

推荐序三　法钥匙神奇的佛

胡志强

星云大师,是我一直非常尊敬与佩服的长者。

长久以来,星云大师所领导主持的佛光山寺与国际佛光会,闻声救苦,无远弗届,为全球华人带来无尽的希望与爱。

大师的慈悲智慧与宗教情怀,让许多人在彷徨无依时,找到心灵的依归。另一方面,我觉得大师潇洒豁达、博学多闻,无论是或不是佛教徒,都能从他的思想与观念上,获得启迪。

星云大师近期出版的《星云法语》,收录了大师1080篇的法语,字字珠玑,篇篇隽永。

我很喜欢这套书以"现代佛法修行风"为诉求,结合佛法与现代人的生活,深入浅出地阐释。尤其富有创意的是,以十册"法语"打造了十把"佛法钥匙",打开读者心灵的大门,带领我们从不一样的角度,去发现与体会生活中的点点滴滴。

以《旅游的意义》这篇文章为例:

"……就像到美国玩过,美国即在我心里;到过欧洲度假,欧洲也在我心里,游历的地区愈丰富,就愈能开阔我们的心灵视野。

当我们从事旅游活动时,除了得到身心的纾解,心情的愉悦之外,还要进一步获得宝贵的知识。除了外在的景点外,还可以增加一些内涵,作一趟历史文化探索之旅,看出文化的价值,看出历史的意义。

比方这个建筑是三千年前,它历经什么样的朝代,对这些历史文化能进一步赏析后,那我们的生命就跟它连接了。"

"我们的生命就跟它连接了"这句话,让我印象十分深刻,生动描述了"读万卷书,行万里路",正是一种跨越时空的心灵宴飨。

在《快乐的生活》一文中,大师指点迷津。他说:"名和利,得者怕失落,失者勤追求,真是心上一块石头,患得患失,耿耿于怀,生活怎么能自在?"

因此"身心要能健康,名利要能放下,是非要能明白,人我要能融和"。

在《欢喜满人间》这篇文章中,大师指出:人有很多心理的毛病,例如忧愁、悲苦、伤心、失意等。佛经形容人身难得如"盲龟浮木",一个人在世间上一年一年地过去,如果活得不欢喜,没有意义,那又有什么意思?如何过得欢喜、过得有意义?

他提出几点建议:"要本着欢喜心做事,要本着欢喜心做人,要本着欢喜心处境,要本着欢喜心用心,要本着欢喜心利世,要本着欢喜心修行。"

看到此处,我除了一边检视自己在日常生活中做到了多少?另一方面,也希望把"欢喜心"的观念告诉市府同仁,期许大家在服务市民时认真尽责之外,还能让民众体会到我们由衷而发的"欢喜心"。

而《传家之宝》一篇中所提到的观点,也让为人父母者心有戚戚焉。

大师说:一般父母,总想留下房屋田产、金银财富、奇珍宝物给子女,当作是传家之宝;但是也有人不留财物,而留书籍给予子女,或是著作"家法""庭训",作为家风相传的依据。乃至禅门也有谓"衣钵相传",以传衣钵,作为丛林师徒道风相传的象征。

他认为"传家之宝"有几种:包括宝物、道德、善念与信仰。到了现代,书香、善念、道德、信仰更可以代替钱财的传承,把宗教信仰传承给子弟,把善念道德传给儿孙,把教育知识传给后代。

"人不能没有信仰,没有信仰,心中就没有力量。信仰宗教,如天主教、基督教、佛教等,固然可以选择,但信仰也不一定指宗教而已,像政治上,你欢喜哪一个党、哪一个派、哪一种主义,这也是一种信仰;甚至在学校念书,选择哪一门功课,只要对它欢喜,这就是一种信仰。有信仰,就有力量,有信仰,就会投入。能选择一个好的宗教、好的信仰,有益身心,开发正确的观念,就可以传家。"

细细咀嚼之后,意味深长,心领神会。

星云大师一千多篇好文章,深刻而耐人寻味,我在此只能举出其中几个例子。很感谢大师慷慨分享他的智慧结晶,让芸芸众生也有幸获得他的"传家之宝"。

在繁忙的生活中,每天只要阅读几篇,顿时情绪稳定、思考清明、心灵澄静。有这样的好书为伴,真的"日日是好日"!

(本文作者为台中市市长)

推荐序四　人生的智慧和导航

赵辜怀箴

我一直感恩自己能有这个福报,多年来能跟随在大师的身边,学习做人和学习佛法。每一次留在大师身边的日子里,都可以接触到许多感动的心,和感动的事;每一次都会让我感觉到,这个世界真的是非常的可爱。

大师说:他的一生就是为了佛教。这么多年来,大师就这样循循地督促着自己,为此,马不停蹄地一直在和时间做竞跑。大师的一生,一向禀持着一个慈悲布施、以无为有的胸怀,做大的人,做大的事。如果想要问大师会不会和我们一样斤斤计较?我想他唯一真正认真计较的事,就是,对每一天的每一分和每一秒吧!

在大师的一生里,大师从来不允许自己浪费任何一分一秒的时间;无论是在跑香、乘车、开会、会客或者进餐;大师永远都是人在动,心在想,手在做,眼观六路,耳听八方,把1分钟当10分钟用;在高效率中不失细腻,细腻中不失大局,大局中不失周全;周全里,充满了的是大师对每一个人无微不至的关怀和体贴。

大师自从出家以来,只要是为了弘法,大师从来不会顾及自己的健康和辛苦,数十年如一日,南奔北走,不辞辛劳地到处为信徒开示演讲;只要有多余的时间,大师就会争取用来执笔写稿;年轻时也曾经为了答应送一篇文稿给出版社,连夜乘坐火车,由南到北。大师从年轻时就非常重视文化事业,大师也坚信用文字来度众生的重要。大师一生一诺千金,独具宏观,不畏辛苦,忍辱负重,在佛教界树立了优良的榜样,对现代佛教文化事业得以如此的发达,具有相当肯定的影响力。到目前为止,大师出版的中英文书籍,已经不下数百本。

记得在20世纪60年代的时候,大师鉴于电视弘法不可忽视的力量,即刻决定要自己出资,到电视公司录制作晚上8点档的《星云法语》,使其成为台湾第一个在电视弘法的节目。我记得大师的《星云法语》是在每天晚间新闻之后立即播出,播出的时间是5分钟,节目的制作,既"精"又"简"。节目当中,配合着简单明了的字幕,听大师不急不缓地娓娓道来,让观众耳目一新,身心受益。

这个节目播出之后,立即受到广大观众的喜爱和回响。大师告诉我,在节目播出之后不久,由于收视率很好,电视公司自动愿意出资,替大师制作节目;大师从此不但有了收入,也因此多了一个电视名主持人的头衔。这个《星云法语》的电视节目,也就是今天所出版的《星云法语》的前身。

佛光山香海文化公司精心收录的《星云法语》即将出版。这一条佛法的清流,是多年来星云大师为了这个时代人心灵的需求,集思巧妙地运用生活的佛教方式,传授给我们无边的法宝。每一篇,每一个法语,星云大师都透过对细微生活之间的体认,融合了大师在佛法上精深的修行智慧。深入浅出地诠释,高明地把佛法当中的精要,很自然地交织在生活的细致之间,用生活的话,明白地说出现代佛法的修行风范,让读者有如沐浴在法语春风之中的感觉,很自然地呼吸着森林里散发出来的清香,在每一个心田里默默地深耕着。等待成长和收割的喜悦,沐浴着太阳和风,是指日可待的。

今承蒙香海文化公司的垂爱,赐我机会为《星云法语》套书做序,让我实在汗颜;几经推辞,又因香海文化公司的盛情难却,只有大胆承担,还请各位前辈、先学指正。我在此恭祝所有《星云法语》的读者,法喜充满。

(本文作者为国际佛光会世界总会理事)

目 录

卷一　思想津梁

思想成业 / 3
思想津梁 / 5
举止的典范 / 7
尊重的真义 / 9
仁义礼智 / 11
好习惯 / 13
两极的看法 / 15
事物的两面 / 17
事之两面 / 19
事物之理则 / 21
事理情法 / 23
事上的态度 / 25
理的重要 / 27
通情达理 / 29
遵循真理 / 31
各具特质 / 33
自然原理 / 35
防范感官之病 / 37
懒惰的过失 / 39
懒则穷 / 41
善恶论 / 43
贫穷富贵 / 45
贫富贵贱 / 47
走出去 / 49
参加活动的功能 / 51

卷二　退一步想

如何渡过难关 / 55

如何改过 / 57

如何排除烦恼 / 59

离是非烦恼 / 61

穷通不变 / 63

穷败之因 / 65

不顺的原由 / 67

面对压力 / 69

挫败之因 / 71

代替之宝 / 73

失去 / 75

去除而后有 / 77

耕耘 / 79

取代 / 81

犯错 / 83

奋起飞扬 / 85

过度之病 / 87

忍的意义 / 89

忍耐 / 92

能忍为高 / 94

后顾之虑 / 96

思虑与知过 / 98

退一步想 / 100

宽广之理 / 102

不乱 / 104

承担的定义 / 106

如何豁达 / 108

自我超越 / 110

卷三　智慧之喻

圆融之难 / 115

欠缺之圆 / 117

巧之妙 / 119

智慧之喻 / 121

智慧之用 / 123

可与不可 / 125

过失 / 127

行走世间 / 129

经验 / 131

小事勿轻 / 133

刚柔进退 / 135

斗智不斗气 / 137

服从(一) / 139　　　　"小"不可轻 / 157

服从(二) / 141　　　　回馈 / 159

忙的妙用 / 143　　　　矜持的利弊 / 161

如何拣择 / 145　　　　生气的艺术 / 163

取与舍 / 147　　　　　远之用 / 165

为所当为 / 149　　　　难与易 / 167

适可而止 / 151　　　　过分之弊 / 169

防患的重要 / 153　　　虚实之间 / 171

所为皆可 / 155　　　　变易难久 / 173

卷四　教导后学

谁最好 / 177　　　　　有不可者 / 201

难能可贵 / 179　　　　想念 / 203

不回来的东西 / 181　　更新 / 205

"藏"的大用 / 183　　　自他古今 / 207

无的功用 / 185　　　　增加什么 / 209

警觉之要 / 187　　　　招殃 / 211

情感表达 / 189　　　　取与恕 / 213

教导后学 / 191　　　　不足之患 / 215

忠告之要 / 193　　　　灾祸之根 / 217

饮酒的过失 / 195　　　"有"之后效 / 219

聚集 / 197　　　　　　如何规劝 / 221

不如 / 199　　　　　　有用的条件 / 223

卷一　思想津梁

西谚有云："建立正确的见解,是对抗错误的防腐剂。"因此,有正确的思想,才有正确的人生观。

有了正确的人生观,才不会迷失,才能健全人格。

思想成业

人,天生异禀固然很好,但是如孔子的学生曾参,虽然在学习上较为愚钝,但是他以"别人做一次,自己做十次"来鞭策自己,而且每天反省自己的过失,最后终获"宗圣"的美誉。由此可知,有了勤奋的毅力、有了远大的志向,终能步向臻善的人生;最怕的是凡事不肯用心,最后只有与草木同腐朽。所以人世间的物理与事理,甚至人生哲理尽在思虑之中,有了正确的思想,才能带你趋向臻善的人生,以下就来谈谈"思想成业":

第一,水不动者河不清

《春秋》云:"流水不腐,户枢不蠹",流水如果不流动,就如一滩发臭的死水,水必须流动才能清净。钱财也是一样,用了才能发挥钱币的价值,否则黄金藏在床底下,其实就跟石头一样。

人也是如此,人的思想、知识,都要不断地更新,生活形态也要常有变化,人际关系也要常有往来,如此才不会故步自封,才能与时俱进而不会被时代所淘汰。

第二,志不强者智不达

很多人常常从小就立定志向,我要做一位工程师、我要做个航天员、我要做一位老师、我要成为医师……但是历经岁月的流逝，在不经意中我们很快就会忘记了自己所立定的志向。王守仁说："凡学之不勤，必其志之未笃也。"一个有刚毅之志的人，为了达到目标，必定会不断地克服逆境、突破难关；而一个立志不坚的人，则容易被外物左右其志向，因此，所学必定不能成就。

第三，言不信者行不果

孔子说："人而无信，不知其可也！"一个人如果说话不守信用，承诺的事情不能兑现，他的所行所为一定不会受到肯定，也不会有结果。自己的信用一旦破产，今后不管讲什么话，人家都不会再相信，也不会采纳。所以，"一诺千金""一言既出，驷马难追"，做人要讲信用。

第四，心不思者业不成

人是有思想的动物，一个人如果平时不肯动脑筋思考、不肯探究事情的道理，所谓"学而不思则殆"，自然学业、事业都不能有所成就。佛教讲"以闻思修而入三摩地"，又说"大疑大悟，小疑小悟，不疑不悟"。所以，一个人不管在学业、事业、道业上要想有所成就，凡事要用心思考；能够深思熟虑，才能深入问题，才能懂得改进，才能让自己更进步。

一个人的想法正不正确，是决定成不成功的重要因素，人生就是一堂不断学习的课程，不要轻易说"不"，在行为、心念上，更不要有否定的、负面的思考与行为，所以，"思想成业"，值得深思。

思想津梁

佛教主张,人生处世最重要的是奉行八正道,就是正见、正思、正语、正业、正命、正精进、正念、正定。当中的正思是人生旅途中一个很重要的关键,人在生起邪的或恶的思想时,只在一念之间,一念之差终将万劫不复。因此,怎么样才有正思呢?以下提供四点"思想津梁":

第一,家贫应思良策

家中贫困,有什么好的方法可以解决呢?应该要懂得勤奋。一个懒惰的人,是永远不会成功的。俗语说:"懒惰生艰难,苟安生苦楚",所以做人应该勤劳奋发,努力生产,但不可从事不合道德的行业。只要能克勤克俭、开源节流,能量入为出、支出有度,则能改善家庭生活。除此之外,如富兰克林说:"有一门手艺,就等于有一份产业。"发掘自己的专才,也是解决家贫的良策之一。

第二,国乱应思忠臣

国家社会秩序混乱了,处于内忧外患的局势时,政府的领导人应该要用人无私,力请一些忠臣良士,集思广益,出谋献略,千万不可刚愎自用,要有接受谏言的雅量,同时广征天下良才而重用之。

所谓"疑人不用,用人不疑"。在招贤纳士之时,要能既往不咎,才能亲疏威服,如唐太宗的知人善任,才能造就声威远播的贞观之治;又如周武王,接受太公的谏言,对前朝遗族既往不咎,才能成为历史的盛世。

第三,危急应思善友

假如你遭逢危难之际,除了家人以外,还有什么人能帮你呢?当然是善友。英国哲学家培根说:"友谊的作用是:如果你把一个快乐告诉朋友,你将得到两个快乐;如果你把忧愁向一个朋友倾吐,你的忧愁将被分掉一半。"所以,善友是能帮助你远离邪途,是可以让你道德知识增长的;在困难危急之时,应该请求善友的协助。

第四,枉误应思正法

假如你被人冤枉,被人误会了,不必怨天尤人,应该要有正确的想法来纾解心中的不满。什么是正确的想法呢?例如认识因果法则,知道凡事都有因果关系,自己所受的果报,必有其来由;懂得因缘所生法,就不会一味怨怪别人。另外也可以自我解嘲,就当成是因为自己优秀才会遭人诽谤,如伊索说:"最有价值之人,最易被人诽谤;最鲜美的果实,最易被鸟啄食。"如此一想,自能释怀,而不致茶饭不思,放心不下了。

西谚有云:"建立正确的见解,是对抗错误的防腐剂。"因此,有正确的思想,才有正确的人生观;有了正确的人生观,才不会迷失,才能健全人格。

举止的典范

什么是典范？典范是一种引领思考的方向，一种未来人生的光明指标。树立典范者，他们洞察思潮趋势，怀抱热情献身事业，进而追求智慧，不断超越，鼓舞并启发后人。而我们的举止上，该为自己树立什么典范呢？提出以下四点意见：

第一，思想是智慧的化身

人要有思想，没有思想，就和机械、草木一样，不是活的，而是死的。但是，所思所想什么内容呢？要真、要善、要美、甚至是要有智慧的。你看，过去三教九流学说，带给当时百花齐放的思想热潮；佛陀、耶稣、穆罕默德等宗教家，各宗各派，他们的智慧、慈悲、教化，给予众生依靠、解脱。有思想，才有独立的思考及判断的智慧，解决人生各种问题。

第二，道德是行为的典范

儒家的忠孝节义、仁爱和平，是道德，佛教讲五戒、十善、四摄、六度、八正道，也是道德；这些道德，是行为的典范，我们所行所为，依着这许多典范，可以作为我们的标准，医治我们贪嗔大病的良药，能令我们身心清净，道德臻于圆满，在人生的道路上，才不致迷失方向。

第三,进取是成功的象征

一个人不断的进修,朝向目标努力,勇猛精进,将来必定成功。汉朝董仲舒,立志向学,三年不窥园,终成一代名儒学者;晋朝王羲之,临池磨砚,写完一缸水,成就旷古书法大家。又如过去的读书人:"十年寒窗无人问,一举成名天下知。"靠的就是他的进取,积极进取,不断向上,不断向前的人生观,是成功的不二法门。

第四,谦虚是处世的原则

做人谦虚是美德,而谦逊有礼、虚怀若谷更是成功的要素。孔子学富五车,犹"入太庙,每事问";赵州禅师高龄八十,到处云游行脚,向年轻禅者问道,世人不夸青年僧的成就,反而尊重赵州禅师谦虚。何况一般平凡之人,更要懂得在生活的细微处,待人以诚,处世以谦,自然能够圆融处事。

文天祥在《正气歌》中说:"哲人日已远,典型在夙昔。风檐展书读,古道照颜色。"一个人举止动静,思想言行,都可以是一个典范。

尊重的真义

人际之间一旦失去"尊重",容易衍生子不孝、弟不恭、友不义等问题。如何将"尊重"落实于人际生活呢?以下提供四点:

第一,对长辈间的尊重是孝

孝,是众德之本,是培养人格的胚胎。《孝经》上说:"孝者,天之经也,地之义也。"自古圣贤一向以孝来修身、持家、治天下,如亲尝汤药、百里负米、戏彩娱亲、扇枕温衾,此等行径,便是以"孝"展现对长辈的尊重之心。

第二,对男女间的尊重是爱

"爱不重不生娑婆",男欢女爱本属自然,但情爱如水,能载舟也能覆舟,运用得当,则不失为增上的力量;若为"爱"所困,则易产生是非恩怨。纵观社会,因爱不得而痛苦,而自杀或他杀、泼硫酸,以致家庭破裂,甚至酿成社会问题的不胜枚举。感情必须建立在双方的互爱及尊重上,才可以维持长久。

第三,对亲人间的尊重是义

《礼记》中提到:"父慈、子孝、兄良、弟悌、夫义、妇听、长惠、幼顺、君仁、臣忠十者,谓人之义。"在人伦关系里,每个人都有自己的责任与义务;彼此之间,都是双向负责的关系。因此,亲人之间,除了相亲相爱,还要相互信任、相互尊重,才能和谐共存。

第四,对师友间的尊重是道

佛教的伦理,是"先进山门为师兄",以"先受戒者在前座",表示尊重之意;朋友之间以"同参道友"互称,代表彼此在道业、学业上互相砥砺的法爱。

翻开史册,伯牙与钟子期的情谊、舍利弗与目犍连的道情,都是建立在彼此的尊重上,才能历久弥新。韩愈以为:"师之所存,道之所存也。"西汉《礼记》亦云:"师严,而后道尊。"可见重道即是对师友尊重的一种具体表现。

第五,对众生间的尊重是仁

孔子曾问宓子贱,单父百姓为何如此拥戴他?宓子贱说:"我视老者如己父,看待孩童如己之子,抚恤孤寡,哀悼丧纪。"宓子贱以"仁心"尊重单父百姓,而获得百姓投桃报李之心。人际之间,以仁心为互动的桥梁,就能赢得尊重。

尊重之心,是现今社会最缺乏的,所以杀盗掳掠才会层出不穷。如果人人讲孝、讲爱、讲义、讲道、讲仁,就是对师长、对亲友、对众生的尊重,人人都能相互尊重,社会自然安乐祥和了。

仁义礼智

儒家讲三纲五常,讲究君臣、父子、夫妇、兄弟、朋友五种伦理,重视仁、义、礼、智、信的德性五常之道。佛教讲五戒,戒杀盗淫妄酒,重视从自身的行持到人际关系,扩充至与其他众生的相处。五常、五戒名称虽异,精神却无二致。只要守住五戒,即能落实仁义礼智信五常的实践:

第一,仁,要怜惜伤痛

五戒中的"不杀生"就是仁的具体表现。上天有好生之德,不仅不杀生,而且要护生,要怜惜他人的伤痛。对受天灾蹂躏地区伸出援手,如台湾"9·21"震灾、救济南亚海啸之难等,对贫病者施以医药,让健康的人出钱,为穷苦的人治病,这些都是仁的实践。我们不仅称念"救苦救难观世音",自己也要学习做"救苦救难"的观世音菩萨。

第二,义,要羞耻憎恶

凡是非分的,都不希求;所有不当的行为,都应戒除。佛教五戒中的"不偷盗"就是义。不仅不偷别人有形的财物,连会损及他人名声、利益的事,也要戒除不做;对于会损及自己品格的恶行恶事,也要戒慎恐惧地防范。《礼记》说:"知耻近乎勇",若能知耻憎恶,即能近义。

第三,礼,要谦辞退让

佛教的"不邪淫"戒,就是尊重别人,不侵犯他人的身体。女性遭到侵害,时有所闻,家庭暴力尤其令人遗憾,同吃一锅饭的家人,有何天大的仇恨要相互凌迟?社会的暴力现象,动不动就操刀子挥棍棒,伤人性命,也是不懂尊重他人。富裕却无礼的社会不值得骄傲,唯有大家都知谦恭退让,才令人称羡。

第四,智,要辨别是非

《孟子·公孙丑》说:"是非之心,智之端也。"有智慧就能明辨是非。佛教讲"不饮酒"戒,就是强调要过智慧的生活。除了不饮酒,吗啡、海洛因、摇头丸等等毒品也不能沾染。喝酒、吸毒不仅戕害身体,还会惑乱心智,整天喝得醉醺醺的,毒品吃得糊里糊涂、精神涣散,哪能明辨是非善恶?

古人说:"仁谊(义)礼知信五常之道。"仁义礼智并非抽象的名词,而是可以在生活中实践的。只要遵守佛教之五戒,即能逐步成为具足"仁、义、礼、智"的君子。

好习惯

有谓"入芝兰之室,久而不闻其香""入鲍鱼之肆,久而不闻其臭",可见习惯对人的影响之大。好的习惯,有助于善心的增长;坏的习惯,则有损自身的修养,因此,在生活中,应积极摒弃坏习惯,培养好习惯。什么是"好习惯"?提供四点意见:

第一,能守时不浪费时间

一个社会、团体懂得守时,必定具备良好的秩序与效率;一个人懂得守时,必定为人所尊敬,拥有成功的钥匙。哲学家康德说:"守时是最大的礼貌。"约会守时,是一种尊重,一种信用;工作守时,是一种责任,一种担当;生活守时,是一种积极,一种护生。守时可以成就大事,懂得掌握时间的人,就拥有了人生!

第二,能守分不冒失犯上

《朱子家训》言:"读书志在圣贤,为官心存君国,守分安命,顺时听天。"《唐律》也规定官吏应小心谨慎,安分守己,做好本职工作。一个人,身为学生,要尊重老师;身为部属,要尊重长官;身为子女,要尊重父母,懂得守分伦理,就不会越位逾矩,冒失犯上。

第三，能守忍不情绪冲动

《百喻经》有一则譬喻：有一个人家，客人来访，父亲吩咐儿子上街买酒菜。儿子许久未归，于是父亲上街寻找，却发现儿子正与一人在桥上僵持不下。原来，双方因为挡住彼此的去路，谁也不肯退让。父亲上前说："儿子！你先将酒菜带回去，换我来跟他对一对，看看究竟谁让谁？"人往往不能小忍，让情绪失控，失却自身的身份立场，甚至酿成更大的损失与伤害。苏洵说："一忍可以支百勇，一静可以制百动。"唯有守忍，忍之于口，忍之于面，忍之于心，心中的世界才能更宽广。

第四，能守道不丧失人格

"君子爱财，取之有道"，"道"就是一种自尊、自爱、自立、自强的人格表现。佛教中，持戒是正道，慈悲是正道，布施是正道；为人处世，也有"安贫守道""正己守道""立身行道"。伯夷和叔齐耻食周粟，饿死在首阳山，就是一种守道。为人处事，好比汽车有车道，火车有轨道，飞机有航道，人有人行道，都有彼此的"道"，正规正矩者，自然不会失格丧道。

成就大人者，均由小处着手，守时、守分、守忍、守道，点点滴滴培养好习惯，才能受人尊重、欣赏，进而圆满人格，成就大事。

两极的看法

《庄子》教我们如何观察人:"远使之而观其忠;近使之而观其敬;烦使之而观其能;卒然问焉而观其知。"在此提出四项鉴人之法,供我们分辨出人际间的是非善恶、好坏得失:

第一,一生一死,即知交情

有些人特别有人缘,朋友遍四海。但是,在热闹风光中,看似情投意合、肝胆相照的朋友,也不见得是真交情。

当你经历生死难关,碰到艰难逆境或落拓潦倒时,还能不离不弃、患难与共的朋友,才是真交情。

第二,一贫一富,即知交态

汉武帝时,汲黯在朝中当大官,每天拜访他的客人很多。后来他因罪罢官,门前冷落,只剩麻雀在觅食。

不久之后,武帝重新起用汲黯,过去的客人又纷纷上门了。汲黯感慨地在大门上贴上对联:"一生一死乃知交情,一贫一富即知交态。"有时,人在富贵时,看似交游广阔,门庭若市。等到气势稍差或一蹶不振时,却门可罗雀。在这样贫富起落中,正是让人看清世态炎凉与人情冷暖。

第三,一贵一贱,即知人品

有些人当他居高位、享厚禄时,显出一副不可一世的样子。等到时运俱衰,丢官去位,就垂头丧气,惶惶不可终日。

有些人做劳工时,态度自信而不卑;待努力有成得以居上位时,态度谦虚而不亢。贵贱高下是人性的试金石,可以显出"宠辱不惊"的高贵。

第四,一迷一悟,即知本性

佛经说:"迷悟染净,凡圣之异。"有的人生性颟顸糊涂,行为处事不辨事理,一辈子不是浑浑噩噩过日子,就是张牙舞爪、猖狂无知地到处惹是生非。

有的人心眼玲珑剔透,处世明理,悟性通达,随时随地与人为善。从这些气质的差别,可以看出每个人品性的不同。

生与死、贫与富、贵与贱、迷与悟,是极端不同的景况。人生不是一成不变,总有起落不定之时,若逢判若云泥的遭遇,也不用伤感或狂喜,如果能以平常心视之,不仅可借境练心,也可趁机鉴识人性。

事物的两面

凡事都是一体两面,且有其因果关系,绝非凭空而有。因此,天台智者大师才会提出:如是相、如是性、如是体、如是力、如是作、如是因、如是缘、如是果、如是报、如是本末究竟等"十如是",来探究诸法实相。

要确实明白诸法实相,对大多数人来说或许太深奥,但在为人行事上,至少要有如下体会:

第一,有兴趣才有乐趣

根据统计,有将近七成的人每天工作超过8小时。这么长的时间,若无法乐在工作,必定相当痛苦。乐趣是从兴趣而来,必先有兴趣,才有乐趣可言。所以,要尽快培养自己对工作的兴趣,才能进而享受工作。譬如服务社会、做义工,先要有兴趣奉献服务,才能在别人认为我们"牺牲享受"时,我们却充分体会"享受牺牲"的乐趣。

第二,有知识才有器识

大家都希望自己很有气度,但"气度"是由知识的积累而来。史家说要看一个人的器识,要"采其言而观其行,审其意而察其忠"。真正体会仁义、道德,实践廉耻、忠恕,慢慢地将从书本得来的知识,内化为自己的修养,日积月累,自然能有大器识了。

第三,有度量才有胆量

人所表现的胆量有很多种,有些人的胆量来自无知,如年轻人的"飚车";有些人的胆量来自经验,如特技表演者;有些人的胆量,只是胆大妄为,如贪赃枉法;有些人的胆量来自度量,如《世说新语》描写谢安在淝水之战时,临危不乱的胆量,就是来自他恢宏的气度。有度量的胆量,才是真正的胆量。

第四,有义气才有正气

孟子说:"吾善养吾浩然之气",浩然之气就是正气。要如何培养"浩然之气"?对朋友要有义气,对亲人要有义气,甚至对社会、国家、大众都要讲求义气。你拥有义气,自然就会正气凛然了。

我们都希望自己有器识、胆量、正气,也能充分享受人生的乐趣。但这些气度都非生而有之,是靠后天的培养:乐趣从兴趣中来;洞见的知识涵养器识;弘远的度量成就胆量;对人间有情有义自能拥有浩然正气。

事之两面

世界上的事情没有绝对的好与坏,也没有绝对的是与非,任何事都有其两面。世界原本就是一半一半,白天占一半,留一半给夜晚;有一半是男人,另一半是女人;虽愿善念常据心头,另一半的恶念却也蠢蠢欲动。李密庵的《半半歌》也说:"百年苦乐半相参。"在此提出世事之两面,供大家细思量:

第一,钱能福人亦能祸人

常言道"有钱有福气",钱财的用处甚大,可以让人不愁生计,优渥过活,更可以做善事,救难济贫。但俗语也说"人为财死",有些人为了贪取钱财,作奸犯科,不择手段;或虽有大量钱财,却只知过灯红酒绿的生活,挥霍无度,活得全无意义,反而为钱所祸。

第二,药能救人亦能杀人

恰当地用药,能让人远离疾病的威胁而恢复健康,延长寿命。但药品一旦误用、滥用,却会危害生命。譬如安眠药,有人以它解决失眠的痛苦,亦有人以它结束生命。而因听信偏方,延误医疗,以致丧身失命的消息,也常有所闻。可见药能救人亦能杀人,端看如何用药。

第三,话能慰人亦能伤人

"良言一句三冬暖",一句好话能安慰人,让人欢喜,让人得到鼓舞。"恶言一句六月寒",一句不得体的话,也会让人伤心难受,士气全无。"一言兴邦,一言丧邦",人都有一张口,如何善用,就看自己的智慧。

第四,学能用人亦能障人

拥有学问,能懂得许多知识,小则可以自受用,大则可以造福社会人群。但如果太固执自己所知悉的学问,也可能以成见、偏见看待世间事,至此,学问反成所知障。因而连孟子都说:"尽信书,则不如无书。吾于武成,取二三策而已矣。"

世事难求全,虽无法要求人间尽善至美,但愿大家把握好的一半,改善坏的一半。比方说用我们的钱财来福利人,我们的药都是救人,说的都是善言良语,以丰富的学问匡时济世。如此,在这佛一半魔一半的世界,也算是向佛远魔了。

事物之理则

世上每样事物，都自有理则；每件事情的成败，也自有道理。月有阴晴圆缺，是天文的自然现象；人有悲欢离合，是缘起性空的普遍法则。树木荣枯自有其理，人间贫富亦自有其因。在此略举四点事物的理则：

第一，木有根则荣，根坏则枯

花草树木，如果根群健壮，枝叶就会茂密丰盛；如果根腐烂，枝叶就会干枯凋萎。人也有根本，父母是家族的根本，勤劳是富足的根本，用心是事业成功的根本，精进是修行的根本。每一个人都要注重自己的根本，在根本上下功夫，切莫舍本求末，徒劳无功。

第二，鱼有水则活，水干则死

鱼虾靠水维持生命，只要有水，鱼虾就能存活；如果水干涸了，鱼虾就只好等着进枯鱼之肆。空气之于人，就如水之于鱼虾，人如果生活在空气污浊的环境中，就如同生活在烂泥塘的鱼虾，虽能存活，却活得委屈而不舒坦。因此要注重、爱护我们的环境，不要毫无顾忌地污染，否则，恐怕不久之后，人类要寻一处理想的居处，也不可得了。

第三,灯有膏则明,膏尽则灭

油灯要有油,才能续明;电灯要有电,才能发亮。如果没有油、没有电,灯就会自然熄灭。一个人过于自满,不求进步,不吸收新知,久之,就会如膏尽电绝的灯,无法发光发亮。朱熹《观书有感》说:"半亩方塘一鉴开,天光云影共徘徊,问渠哪得清如许?为有源头活水来。"我们要不断充实自己,心灵活水才会源源不尽。

第四,人有信则立,信丧则败

一个人能受他人的重视与尊重,讲究信义、信用,是重要的因素。子贡请教孔子从政的要点,孔子说:"足食,足兵,民信之矣!"子贡又问三项中哪项最重要?孔子说:"民无信不立。"从此可见"信"的重要。"信"是做人的根本,信丧之人,必定要失败的。

事物的理则当然不止四点。袁康说:"圣人见微知著,睹始知终。"有智慧的人,自然能从细微的事物中观察到大道理;从一个例子中,而推知晓喻其他事物。希望大家能举一反三,闻一知十,深思各项事物的理则,而拥有更豁达、更精进的人生。

事理情法

世界上的人都欢喜讲"理",所谓事有事理、道有道理、情有情理、法有法理,什么都有理。在事理情法里,我们应该要注意什么呢?有四点意见:

第一,家事、国事、世间事,事事关心

古人说:"风声、雨声、读书声、声声入耳;家事、国事、天下事、事事关心。"有一个年轻人喝完汽水,就把空罐子任意一丢,跟在后面的一位老婆婆看不过去,要他捡起来,年轻人不服气:"关你什么事?"老婆婆说:"怎么不关我事?你乱丢东西,制造垃圾,污染环境,我们小区的房地产会跌价,这就跟我有关系!"今日的社会,都是众缘所成,没有一样事物与我们没有关系,这就是"共生"。共生和解,才能"吉祥"。所以,无论是家里的事、国家的事、世间上的事,我们都要"事事关心"。

第二,伦理、地理、天下理,理理有则

世间万象,深入观察就会知道:天有天理,地有地理,人有人理,物有物理,情有情理,心有心理,任何一件事物都有其各自的"理"。每一种理都有原则,不是"公说公有理,婆说婆有理",而是要大家承认,才能通情达理。今日社会的混乱,就是因为理则不张,当你违背理则,当然无法"去处尽通"了。

第三,感情、亲情、人间情,情情升华

在世间做人都有情感生活,有亲情、有爱情,有朋友之情、同侪之情、师徒之情,乃至长官与部属、长辈与晚辈等等,不管哪一种情,都要"情情升华"。升华是以智化情、以慈导情,升华的感情是一种尊重、一种体贴,它不是占有,不是私爱,让感情升华成为慈悲、成为智慧,这种感情就更扩大、更可贵了。

第四,世法、佛法、出世法,法法道同

世间讲法律,佛法也有戒律,"五戒"就是戒律和法律共同的地方。有人以为佛法不是世间法,事实上"佛法在世间,不离世间觉",佛法是涵容世间诸法万象的。也不要以为出世法是脱离世间,佛教出世的思想并不是离开世间,而是一样的生活,一样的食衣住行、行住坐卧,只是在思想上及心境上不太一样,这就叫作出世。所以惠能大师说:"离世觅菩提,犹如求兔角。"离开了世间法,也就没有出世间法可言。因此,世法、佛法、出世法、法法道同,法法相关,可说是"方便有多门,归元无二路"。

世间一切原则,离不开"事理情法",这四关,可以让我们迈向圆融。

事上的态度

古人拜师学艺，总要不计辛劳承事师者，三年五载，才能获得传授；佛教也有说，比丘应对上座大德，要恭敬顺事，勤求法要，学道才会有所成。在社会上、团体里，我们被人领导，就是一位"事上者"，我们应该抱持什么态度呢？有四点：

第一，廉不言己贫

"居之忠信，行之廉洁"是君子的行仪。你能廉洁，你不贪污，你不爱财，你奉公守法，这固然很好；但是，更超然的是，一位真正清廉的人，他不言身贫，不道己无，不必天天哭穷，也不须日日喊苦，以廉自持，自然获得好评。

第二，勤不言己苦

你在一个地方服务，你很勤劳、你很热诚、你很精进、你发心、服务，这些都是非常重要的条件。但更要紧的是，你能"勤不言己苦"。你不能天天强调："我做了多少""我付出多少""我很辛苦""我很吃亏"……那就不是一位真正的勤劳者。真正的勤者，无论如何的辛苦，如何的艰难，他都有力量承担下来，不会挂在嘴边，要人注意，要人安慰。

第三,忠不言己好

你是一个忠臣吗？是一位忠臣,就不要常常表示我是如何忠心耿耿、我自己怎么好、怎样优秀、怎么具有道德,有什么条件……这些都不必挂在嘴边,四处宣扬。你的忠诚与否,从你的表现中,主管自然就会知道。

第四,功不言己能

你立下汗马功劳,做了很多建设,功劳再多,也不可以自傲,你要把光荣、功劳归于领导人,他才会更欣赏你。历史上,韩信虽功高震主,却向刘邦请求自立为假齐王,埋下被贬之因;马谡才气过人,好论军计,却自作主张,以致大败,不得已,孔明只有挥泪示斩。所以说,事上者,功不言己能。

一个事上者,理由不必太多,要廉、能勤、能忠、建功,这都是本分事。

理的重要

所谓"有理走遍天下，无理寸步难行"。佛陀之所以成佛，是因为佛陀能和真理相应，是真理的体现者。天台宗谛观大师说："良以如来依理而立言，遂令群生修行而证理。"意谓如果我们能明白圣贤之理，依之修行，我们就是圣贤。我们能明白人天之理，我们当下就是人天。假如我们不明理，只有贪嗔、愚痴、邪见，那么就是地狱、饿鬼、畜生的世界了。所以"理"对我们做人做事是很重要的。

第一，立志研究真理

我们到世间一趟，名利是一时的，权位也是一时的，只有研究真理才能真正属于我们。获得真理不但今生受用，来世也会有用。比如孔子，他说："朝闻道夕死可矣。"佛经亦记载，佛陀的前身为雪山童子，为求得四句真理："诸行无常，是生灭法，生灭灭已，寂灭为乐。"舍身予罗刹，因而提早二十劫成佛。所以古来成就圣贤之人，必定是立志钻研真理而不辍的人。

第二，处事依据道理

我们在应对人际关系和处理事情的时候，要合乎道理，如果不知应对进退之处事道理,就不能把人做好,把事办好。若以因缘道理从事者,无有不成。

第三,行为遵循伦理

人世间因为有伦理才能维系社会秩序;宇宙间因为有伦理才有真理可循。中国人最注重伦理道德,宋代理学家朱熹在白鹿洞书院揭示:"父子有亲,君臣有义,夫妇有别,长幼有序,朋友有信。"说明人伦关系的道德准则,假如丧失了人伦纲常,即不能称之为人了。佛教以十法界"佛、菩萨、声闻、缘觉、天、人、阿修罗、地狱、饿鬼、畜生"揭示宇宙间的伦理关系是自业自受。所以,我们的行为要遵循伦理,方能维系真理之道。

第四,做人要能明理

世间人有钱不明理,只是个暴发户;当官不明理,只是个酷吏;商人不明理,只是个不知回馈社会的商贾;教师不明理,只是个自私自利的教书匠,所以,做人最重要的是明理。明什么理?明是非善恶之理,明权衡轻重之理,明前后因缘之理,明阴阳盈亏之理,明上下古今之理。无理不明,无理不晓,做人就能圆融通达无碍了。

通情达理

做人要通情达理,人生才没有阻碍;做事要通情达理,事业才能顺利成功。如何才能通情达理?兹有五点意见:

第一,为学要通识

做学问不能自我局限,只知其一不知其二;做学问,要研究很多的相关的知识,扎下厚实的根基,才能日益精博。所谓"世事洞明""人情练达",都是探取学问、著作文章的重要媒介。

第二,能力要通才

从前我在大陆看人家盖房子,他既会做木工,也会做泥水工,还会做油漆工,可以说只要你把盖房子这件事情交代给他,他就能帮你完成建筑、水电、装潢等种种琐碎事,都是一人包办。但是现在社会进步,分工越来越细,却造成有的人只会其一,不懂其二。然而,尽管时代进步,社会分工很细,但是我们的工作能力,还是要通才一些比较好。

第三,人际要通情

人我之间要通情,否则纵使朋友有很好的职务因缘,可以帮助你开拓事业,但是想到你不能通情达理,他干脆不同你讲;长官要赋予你重要任务,一旦认为你不能圆通变化,他也不敢给予你升迁的机会,这时候你的损失就很大。

第四,个性要通达

人都有个性,有的人个性很粗犷,有的人个性很细腻,无论是什么个性都不要紧,就怕个性不通达。比如,和人相处时,只知自己有个性,却不尊重、包容别人的个性,如此不通达的个性,就会让人视你为不讲理,而不愿与你来往,这是非常可惜的!所以一个人的个性要圆融、方便一些,这非常重要!

第五,求道要通理

我们信仰宗教,对于你所信的这个"真理"要能通达,不能笼统视之,认为"三教同源""五教一体"而不能正确了解一个宗教的教主、教理、教团、教制之异同。更不能执着自己所求之"道",所谓"道"者,中道也,亦即"不生不灭,不断不常,不一不异,不去不来"之中正不偏的意思,你能通达这个求道的理吗?

遵循真理

天有天理、地有地理、人有人理、物有物理、心有心理、情有情理；任何事物，皆有其"理"，但是总要合乎真理，不能违背真理。什么是真理？所谓真理者，必须合乎平等性、普遍性、必然性、永恒性。而进入真理是必须讲究层次的，什么是进入真理的层次呢？以下有四点，提供我们参考：

第一，先用考察的心来求取真理

考察的心就是抉择、判断的心。意指以智慧来研究或辨别任何事物的真伪，经过这个考察，就可以知道是否合乎真理。考察的精神，又如胡适所说的"大胆假设，小心求证"。那么我们可以用什么方法来考察呢？佛法教导我们要以三法印"诸行无常、诸法无我、涅槃寂静"来印证、考察是否为真理。

第二，次用认同的心来保有真理

所谓认同真理，意谓认同这个真理是确确实实的；是有历史传承的；是大众普遍认同的。因为认同，就会对它产生信仰。譬如佛陀，证悟真理，他自己本身就是一个真理的体现，你能认同，就能见到真理。

第三,再用信仰的心来享用真理

我们对于真理的态度,要去除怀疑的心理,坚定其信仰。《法句经》云:"信能得道,信能度渊,士有信行,为圣所誉。"所以,用信仰的心,就能享用真理的宝藏。如《有部毗奈耶》所载:"信为丈夫最圣财,善法常修能利乐。"

第四,更用服从的心来遵循真理

禅宗祖师对待学人,道得三槌棒,道不得亦是三槌棒,以无情对有情,以无理对有理,意思就是要"打得念头死,许汝法身活"。你能服从这样的真理吗?你能"自依止、法依止、莫异依止"吗?你能"依法不依人、依义不依语、依智不依识、依了义不依不了义"吗?如果能做到,才算是服从真理。

各具特质

在社会上，士、农、工、商，各有各的特质；男女老少，也各有各的特质，甚至出家人、在家众，也都各有各的任务，各有各的特质。要如何表现各自不同的特色与优点呢？有四点提供参考：

第一，男人要有幽默感

有个笑话说，丈夫，就是婚后在你面前，总是像个大老爷一样，发号施令的那个人。如果你是男人，不要每天板着冷面孔，自以为是地颐指气使。男人应该有幽默感，对于每天为家事忙碌辛苦的太太、儿女，有时候开个玩笑，或者给他们几句鼓励、安慰、感谢的话，或者偶尔送一些小礼物。如此，必定能带给家庭欢乐、幸福、温馨的气氛。

第二，女人要有温柔性

过去的女人是以年轻、多产来博取先生的心。现代的女人须用温柔体贴、善解人意来赢得丈夫的爱。女人如果失去了温柔，就不像女人。丈夫在外打拼，回到家，如果太太能用温柔、赞美的言词慰问他的辛劳，用美味的饭菜满足他的胃口，会让他觉得家庭很温暖。反之，如果太太每天唠叨不休地疲劳轰炸，只会让他下了班,不愿回家,在外滞留了。

第三,儿童要有接受心

为什么有的儿童不会读书,考试成绩不好?因为他不会接受。就像天降甘露,却没有把瓶子的盖口打开,没有接受,自然无法得到甘露法水。做儿童的,应该懂得接受老师、父母的言教。做父母的也应教育孩子养成接受的性格;有接受心的儿童,他将来才会进步,才能成长。

第四,青年要有创造力

青年是人一生当中的黄金岁月。黄金的年龄,有无比的热诚、勇敢,且思想发达、富有创造力及生命力,所以应该为未来的事业,用心创造、尽力发展。佛教中,有很多杰出人物都是在青年时期成就事业的,如佛陀31岁成道,度化众生无数;僧肇大师31岁前完成《肇论》;玄奘大师28岁横渡八百里流沙至印度取经,不但丰富了中国佛教,也为后代提供了宝贵的文化遗产。因此青年要有创造力,创造出自己的价值、特色及前途。

这个社会如果男人都充满幽默感,必定会减少很多家庭纠纷;如果女人都能温柔体贴,必定能为社会增加稳固的力量。

儿童如果能虚心受教,日后必能成为国家的栋梁;年轻人如果懂得珍惜时光,发挥创造力,必能拓展生命的价值。

自然原理

世界上任何一件事物都有其各自的"理",如天理、地理、人理、物理、情理、心理,乃至修行的道理等。一个人希望自己有所进步、扩大、升华,也有他的理则,以下提供六点自然的原理:

第一,动而后有力

人活着就要劳动。你觉得身体柔弱、体力不够吗?可以从事体能性的休闲活动,如散步、慢跑、游泳或者登山踏青等,除了锻炼体魄外,还可以训练恒心毅力、培养突破困难的勇气等。多一些活动,耐力、气力自然就跟着来了。

第二,静而后能明

现代人由于生活压力大,容易随着环境变化而浮躁不安。心一浮动,就像平静的湖面投下巨石,泛起涟漪,不能如实映照景物。佛教讲"定而后发慧",在每日的生活中,你可以安静在一个地方,或者阅读、写作,甚至几个小时不动,以宁静对治动乱,心就容易澄澈如镜,清明乍现了。

第三,大而后能容

包容是促进人类和平的良方;再好的人也有短处,要彼此包容、谅解,"观德莫观失"才是人我相处之道。因此,不论是事业或是交友,你想要大、想要多,你的心量必须扩大,凡事都能够容纳,才容易成就。

第四,空而后能有

佛教讲:"真空生妙有",一个茶杯不空,茶水要倒在哪里?一个皮包不空,钱财放在哪里?一个房子不空,怎么能够入住、布置物品呢?假如你的心量不空,又怎么能够拥有一切?所以要空而后才能有。

第五,虚而后能实

无论做人做事,都要留一点余地。不要像拳头,统统打出去,就没有力气了。所谓"势不可使尽、话不可说尽、福不可享尽",你给别人留一点空间,留一些机会,凡事不必尽其在我,留一点保有实力,才能蓄势待发。

第六,知而后能行

无论什么事理、学问,必须要有真知实学,然后才能去实践。《增一阿含经》说,有智慧的人,对于未知之事,不贸然行事;对于已知且应该做的事,必定尽力完成。追求知识的目的,是为了在生活上能实践,倘若知而不行,到最后只是一事无成、空谈一场。

"法不孤起,仗境方生",世界上的事物都不是凭空而有。学习数学,要懂得数字的理则与运算逻辑;要活用哲学,必须以理智探讨,思索宇宙万事万物的原理,这都是自然的道理。

防范感官之病

人吃五谷杂粮赖以维持生命,身体由毛发、皮肤、血肉、筋脉、骨髓等多种物质聚成,岂能不病。当我们的眼、耳、鼻、舌、身发生生理病变时,可以找医生治疗,身根就能恢复健康;但是感官偏离正道的时候,应该要怎么办呢?感官有哪些重病,需要如何防范呢?

第一,防耳目混淆视听

眼睛和耳朵是负责视觉和听觉的工作,但是眼睛、耳朵常常混淆视听。例如眼贪诸色,如蛾扑火;耳随外声,心生惑着,颠倒攀缘,曲解事实。所以,耳目的修行,用在视听自己时要检讨过失;用在视听他人时要见贤思齐;用在视听世界时要拓展眼光;用在视听未来时要建设人间净土。

第二,防口舌颠倒是非

口舌贪着美味,杀食众生;尤以口舌颠倒是非,当说不说,不当说而说,法说非法,非法说法,妄言、绮语、两舌、恶口,都是口舌之过。所以我们要将油嘴滑舌、摇唇鼓舌、碎嘴碎舌、饶舌调唇、唇枪舌战,改为为民喉舌、舌灿莲花,乃至学习佛陀出广长舌教化众生。

第三,防手足摇摆不定

我们的身体有懒惰、杀生、偷盗、邪淫的习气毛病,这些恶不善法,皆因心中妄念很多,致使手足摇摆,散乱放逸。心既不安,身岂能安?所以守身摄意,能防手足摇摆不定。

第四,防心腹背离正道

《法华三昧宝忏》载意根之业:"心念不善,贪着诸法,狂愚不了,随所缘境,起贪嗔痴,妄想分别,引生无量无边的恶报,是一切生死根本众苦之源。"因此,摄心守意,以防心腹背离正道,唯依正道而行,才有幸福的人生。

如何防范感官之病?我有六根清净诗,提供大家参考:"双脚踏遍大地山河与法界,双手紧握时代动脉与人心;心中常想佛陀圣德与自己,口舌常赞十方圣贤与法语;耳朵常听清静梵音与经教,眼睛常看世界万象与众生。"

懒惰的过失

经典说,懈怠懒惰的人,有六种过失:一是不肯作务,二是不肯勤修,三是喜好美味,四是妄想纷飞,五是受人轻视,六是事业无成。这是因为懒惰者有太多的理由,例如时间还早、时间太晚、天气太冷,手冻脚冻;天气太热,汗流浃背;甚至吃饱饭,胃部负担太大;饥饿了,没有力气工作等等,都可以用来做借口。总之,一懒,就会养成不好的习性,造成过失。

第一,懒惰是贫穷之因

俗语云:"早起的鸟儿有虫吃。"鸟也得起得早才有得吃;无论是什么人,一定是勤劳才有所得,所谓"葡萄架下有黄金",那也是靠人辛勤地翻土、施肥除草,才有累累果实。《中阿含经》说:"懒惰者不经营做事,做事不营则功业不成,未得财物则不能得,本有财物便转消耗。"勤则家兴,懒则家倾,无论从事何种工作,总要认真,游手好闲者,只好等着喝西北风了。

第二,懒惰是万恶之源

工作是神圣的,懒惰则是罪恶。懒惰者每天游手好闲,不务正业,只想坐享其成。他连好话都不肯讲,好事也不肯做,凡是与人有利的事,都不参加,等着享受别人辛苦劳动的成果。当家产消耗殆尽,心志怯弱时,只有落拓乞讨,成为社会的负担;刁蛮悍戾的,偷拐抢骗他人的财物,造成社会不安,懒惰怎么不是万恶之源呢?

第三,懒惰是德行之墓

周公理政,一饭三吐;仲尼读书,韦编三绝,匡衡凿壁,车胤囊萤,这些都是传颂千古的勤学佳话,从来未曾听过有人因懒惰而美名留世者。懒惰的人,道甫不彰,懒惰的人,人见人恶,最后只有把棺材当作终点,人生一无所有。人身难得,虽无法留名于万世,至少也要努力使自己的德行更臻圆满,岂能因懒惰而善行不为,虚过此生?

第四,懒惰是人生之患

人身是升沉轮回的枢纽,勤劳的人凭借努力,物质生活不缺乏;勤于善行,努力奋发,不仅提升品德,也会有美好的未来。如果懒惰懈怠,好吃懒做,甚至为图享受,为非作歹,那么身陷囹圄、自毁前程的情况也就不远了。因此,懒惰可以说是人生最大的过患。

古人说:"勤耕播种般般有,懒作生涯件件无。"懒惰是成功的大敌,是堕落的肇因,不想虚度此生,必要彻底改正懒惰的习性。

懒则穷

清末曾国藩曾写信教诫部下:"治军之道,以勤字为先。身勤则强,佚则病;家勤则兴,懒则衰;国勤则治,怠则乱;军勤则胜,惰则败。"勤则兴,懒则穷,大凡懒惰的人,不仅是治军,士、农、工、商,乃至各行各业,必定没有出息,只要染上懒惰的习性,必定一生无成。为什么说"懒则穷"呢?有四点如下:

第一,士懒,终身布衣穷愁潦倒

一个读书人懒惰不读书,那必定是求功名,功名无望,求学问,学问无成。或者一个人只是读书,不问世事,不肯广结善缘,你没有其他的因缘,福德因缘不具备,就是再有学问、再有智慧,没有助缘,也可能终生布衣穷愁。因此,不管是哪一类的读书人,若能成功,一定是勤奋所致,若是懒惰,必定穷困潦倒,郁郁终生。

第二,农懒,荒废耕耘食不果腹

俗谚说:"人勤地不懒",一个勤劳的农民,春耕夏耘,秋收冬藏,只要辛勤,用汗水,能把荒田灌溉成宝地,用双手,能把贫土种出好成果。相反的,一个懒惰的农民,废耕懒耘,尽管地力再肥沃,也会成为杂草丛生的荒地,田里草盛禾苗稀,怎能期待收成好、得温饱?

第三,工懒,日无收益一无所有

所谓"工欲善其事,必先利其器",其实,每个人最大的利器,就是你的心。意志力坚强的人,不论做什么事情,都会专心一致,勇往直前,努力完成。一个人若没有心,慵懒颓废,即使有再大的资源,遇再好的机缘,得到旁人再大的帮助,也不会有所成就,终究落得一个穷字。

第四,商懒,积聚万贯到头成空

企业能成功,必须凭借灵活的头脑、敏锐的眼光、细心的判断和果决的执行力,这些都是从"勤"字而来,勤于动脑,勤于分析,勤于积累经验,勤于广结善缘。一个从商者,只是守持父母留下的企业,顶多维持现状,假如他又懒惰,只是吃喝玩乐,毫无作为,不善经营,不知道发展业务,即使父母留下万贯家财,很快地就会"坐吃山空"了。

《大般若经》说:"诸懒惰者,于诸善法及诸胜事,皆不能成。"修道者懒惰懈怠,修行当然无法成就,世界上的营生事业,也是如此。如果放任自己,增长懒惰习性,必定招致穷困潦倒的后果。

善恶论

《三字经》说:"人之初,性本善。"人的本性,究竟是善的呢?还是恶的呢?孟子主张"性善",荀子主张"性恶",佛教则认为,人性除了善、恶以外,还有一个无记性,也就是介于不善、不恶之间。到底人性的善恶如何,对于"善恶论",有四点说明:

第一,无善无恶是人的本性

人的本性是善是恶,各有所见。但即使是孟子主张"性善",也只是说明"人性向善"。也就是说,人有趋向"善"的潜能,但终究不是本质,所以他说:"人性之善也,犹水之就下也;人无有不善,水无有不下。"因此,平常所谓"近朱者赤,近墨者黑",可见人的本性不是善、也不是恶,是无记性的。因为无记性,所以人可以成佛,也可以成魔。这当中是善、是恶,就看是受了什么环境、因缘所引发,所以有时候教育、环境、修行,都可以影响一个人,这也就是孟母要"三迁"的原因了。

第二,有善有恶是人的真情

人有喜、怒、哀、乐、爱、恶、欲等情绪,可见人都有善与恶的本能。有的人见人行善,他就心生感动,进而升起学习、效法的心,此即所谓"见贤思齐";有的人见到好事、善事,他不但不欢喜,反而心生反感。大致说来,对于自己所欢喜的人与事,比较容易从善如流;对于自己不喜欢的境,自然心生排拒,甚至生起嫌恶之心,这都是缘于各人的情绪与情感的作用所致。

第三,改恶迁善是人的功夫

人都有善与恶的潜能,一时的善恶不是绝对的,因此,即使是十恶不赦的人,只要他肯"放下屠刀",一样可以"立地成佛";即使是一个杀人不眨眼的恶魔,只要他有决心"痛改前非",一样"善莫大焉"。所以虽然"江山易难,本性难移",但难移并非不能移,只要肯下功夫改恶迁善,一样可以成圣成贤。因此,每个人都应该要不断地变化气质,不断地净化身心,不断地改恶迁善,这就是修行。

第四,从恶昧善是人的习气

佛经指出有五种"非人":应笑而不笑、应喜而不喜、应慈而不慈、闻恶而不改、闻善而不乐。一个人在好的环境、好的团体里,但是他不能与善因善缘相应,不接受善人、善事、善言,反而昧善从恶,就等于枯枝败叶终难成材。所以,人的习气,尤其是不好的恶习,要自我改善,否则终难得救。

人的善恶,没有定论;是善是恶,往往在一念之间。一念善恶,天堂、地狱立现。

贫穷富贵

你会看人吗？你对人的好坏、善恶、尊卑、贵贱是怎样的看法呢？一个人的修养有无，德行如何，怎样分辨高下呢？当人处在"贫穷富贵"时，从他的言行取舍，就能看出端倪来。以下四点说明：

第一，贫人视其所取

贫穷是罪恶的温床，有的人贫困久了，穷怕了，一旦有发财的机会，他就不择手段；甚至暗地里千方百计，处心积虑，就想发财赚钱，当然更是顾不得道德与否。但是一个有德的人，没有钱不足虑，就怕没有道，纵然贫无立锥之地，但他安之若素，对于不当、不义之财，毫芥不取。所以贫得有骨，贫得有格的人，虽贫犹富。

第二，穷人视其所为

所谓"人穷志不穷"，有的人虽然穷苦，但他不作践自己，不自怨自艾，不自卑自怜；他立志奋发，力争上游，他虽然穷苦，但所作所为，都有正义，都有正见，都有正行，都能合乎"非礼勿视、非礼勿听、非礼勿言、非礼勿取、非礼勿为"。能够穷而穷得有人格、穷得有道德的人，非圣即贤。

第三，富人视其所与

有的人很有钱，但是有钱并不代表有德，有钱也不代表有智慧，有钱更不代表有人缘。有钱的人要看他如何用钱，有的人纵使懂得布施，也还要看他如何布施。如果布施是为了沽名钓誉，或是布施的对象只限于自己所爱、所好，这种"有所得"的布施功德有限。懂得将钱财用于利益国家社会，利益一切大众，这才是智者所为。

第四，贵人视其所举

人的尊卑贵贱，不在于他是否居高官、享厚禄，而在于他的举措行为，是否能绽放人性的光辉，是否能怀有悲悯众生的人格节操。有的人官位很高，但行为卑贱，有时连乞丐都不如；有的人虽然地位卑微，但他的道德风骨，能够为人表率，这才是真正高贵的人。

因此，一个人的"贫穷富贵"，并不是看他的财富多少、地位高低，而在于他的为人如何。贫穷的人懂得洁身自爱，懂得立志向上，则人穷志不穷，在道德上来看，他仍是富有的人。一个位高权重、富甲一方的人，懂得利用自己的财富地位去服务大众，造福人群，他才是一个真正高贵的人，才是一个真正富有的人。

贫富贵贱

人的道德操守、身份地位,形形色色,万象百态;有贤愚忠奸、有贫富贵贱、有正义直言、有猥琐谄媚。人为什么会有这么多的分别?为什么会有贫富贵贱的不同呢?荀子问:"我欲贱而贵,愚而智,贫而富,可乎?"以下就来谈谈如何改变"贫富贵贱":

第一,贫者因勤而富

人,因为没有钱财而贫穷;贫穷的人,常因没有财富而失学。不过,人只要肯努力勤劳,不怕失败,不灰心丧志,就有成功、发财的希望。富兰克林说:"贫穷本身不可怕,可怕的是自以为命中注定贫穷。"美国钢铁大王卡内基、日本电气大王松下幸之助、台湾商业巨子王永庆等人,不都是穷苦出身的吗?但是他们都能运用智慧,加上自身的勤奋努力,终能经营企业有成,因而成为巨富,所以贫者因勤而富。

第二,富者因位而贵

一些有钱的富豪,往往不因有了财富而满足,他们除了金钱以外,还想拥有地位、权利与受到别人的尊重,因此总想从事官职,以求得名位。一旦有了官位,就拥有势力;有了势力,就会有名誉上的荣耀,进而与显要往来,以提升自己尊贵的身份,所以富者因位而贵。

第三,贵者因私而贱

有的人身份显贵,却让人看不起,为什么?因为他"拔一毛有利天下,吾不为也";因为他"自扫门前雪";因为他官商勾结、贪污舞弊、搜刮民膏,所以在别人的眼里,他就如流氓恶霸般的让人敬而远之。所以,即使是一个有钱、有势、有地位的人,如果没有人品、没有道德、没有操守,而又自私自利,对国家不爱护,对社会不关怀,对人民的苦难无动于衷,就会失去人心,即使有名有利,也得不到人民的尊敬,所以贵者因私而贱。

第四,贱者因佛而尊

有的人虽然没有钱,没有地位,甚至没有学问、能力,乃至上无片瓦,下无立锥之地,这样的人照理说应该是为人所看不起的。但是有时这样的人反而能获得别人的尊敬,为什么?因为他有正确的信仰,信仰的教义让他虽贫"不以贱易志";宗教的熏陶让他"见利而不动",他很有慈悲心,他与人为善,他奉行正道,因而让人更为尊敬,所以贱者因佛而尊。

胸襟,可以决定一个人的贫富;内涵,可以决定一个人的贵贱。人生的"贫富贵贱"并非恒常如是,只要自己改善因缘,贫者可以致富,卑贱可以为人所尊。

走出去

身为家庭的一分子,除了承担家务,要走出去,才能扩展与社会的往来;居住在偏远的郊区,要走出去,到市区里才方便办事;甚至"读万卷书,行万里路",从这一个国家,也要走出去到另一个国家交流。关于"走出去"有四点意见:

第一,友谊要走出去

一个人不能没有朋友,挫折有难时,朋友可以帮助你;伤心难过时,朋友可以关心你。但是要建立深厚的友谊,需要彼此了解个性、习惯,相互包容缺点,和尊重彼此不同的想法。因此,友谊要走出去,要走入人群里,要广结善缘。好比社会上虽有职业、宗教信仰的不同,国际上有语言文化、风俗习惯的不同,只要我们真心与人友好,对方感受到你慈悲、友善的气息,因缘关系自然就会更好。

第二,体育要走出去

体育不仅可以锻炼身心,更是一个社会精神力的象征,例如运动员在竞赛场上获得荣誉,可以为社会大众带来极大的信心。因此,体育活动要走出去,以体育和世界交流。

第三,服务要走出去

台湾社会最为世人歌颂的就是义工,他们为大众服务的热忱,受到各方的肯定及赞许。服务的范围广泛,举凡顾客服务、商品服务、电话服务、会议服务,除了对内的服务,服务也要走出去,走入需要帮助的地方,如偏远、贫苦地区;除了物质上的服务,更重要的是精神上的服务,能服务到人的心里,才能令受者真正感觉到人间的温情。

第四,宗教要走出去

台湾的宗教信仰相当自由,尽管信仰有所不同,但是向真、向善、向美的心,却是一样的。因此不论什么宗教,都不应只是自立门户,所谓"宗教无国界",为了世界和平、人民安乐,宗教家应该要走出去,加强宗教间的友好交流,突破传统弘法方式的窠臼,才能将宗教教化的功能充分发挥。一个人的心胸有多大,成就的事业就有多大,因此凡事都要走出去才有发展天地,才能与时俱进。

参加活动的功能

人,经常运动,能增强体魄;水,经常流动,能长保洁净。一个团体经常举办活动,也会充满服务的干劲;现代社会人与人来往密切,更离不了参与社团活动。参加活动,会有跟大众结缘的机会,也会有进步成长因缘。参加活动有哪些功能,四点如下:

第一,参加活动有学习的功能

无论你参加旅行团、园游会、座谈会、读书会等各种社团活动,从中,有正当的娱乐休闲,有正当的人际关系来往,你可以向大家学习礼仪进退,学习群我和谐,学习组织策划,充实知识见地,交换心得感想等等,这都是很好的学习机会,无形中,你人生的经验阅历就成长了。

第二,参加活动有扩大的功能

你参加一个社团,马上就会交到许多的朋友,每个人的成长经验不同、做事方法不同,你从结交来自不同地区、不同类型的朋友中,获得不同层面的知识信息,尝试做不同的事务,自己也得到不同的体验,不知不觉中,广学多闻,增加见识,你的生活就扩大了。

第三，参加活动有联谊的功能

今天密如蛛网的信息社会，单打独斗的时代已经过去，个人不能再坐井观天，关闭在自己的小天地里，各行各业必须"集体创造"才能成功，因此要靠很多的朋友，很多的助缘。假如平时没有跟人来往，不跟人联谊，到了你需要别人帮助的时候，"平时不烧香，临时抱佛脚"，也都来不及了。因此，平日就要参加活动，与人联谊，广结善缘。

第四，参加活动有成就的功能

参加一个社团，社团里会举办许多活动，你参与其中，或做义工，或做领队，奉献自己，帮助他人，活动圆满以后，你会获得自我的成就感。因为这个活动，有多少人参加，交到多少朋友，大家共同完成一件事，共同达成一个目标，带动大家成长，这个无形的成就感，其意义价值不同。

这个社会是众缘所成，需要靠大众来帮助我们自己。从参加活动中，可以明白"因缘和合"的真理，可以了解"同体共生"的意义，我们的生命，也就升华了。

卷二 | 退一步想

人生有前面的半个世界,也有后面的半个世界,

一般人的眼光只看得到前面,看不到后面,

其实有时候懂得"退一步想",

眼界会更宽,世界会更广。

如何渡过难关

每一个人在世间生活乃至创业,都会遇到一些大大小小的困难。经济有经济上的难关,情感有情感上的难关,事业有事业上的难关,甚至也有人事的难关、家庭的难关等等。总之,人生难免都会遇到困难、瓶颈,我们该如何渡过呢?有四点意见:

第一,要有忍耐的功夫

难关来了,不必慌张、恐惧,要能耐得住、守得住。无论多大的难关,都是因缘生灭,总会随着时间过去。每一场坚持战,只要你能守得住、顶得住,就能过得去。

密勒日巴尊者忍得下,所以成为一代宗师;法显大师耐得住,所以几经波折艰险,终于取得经典。所谓"山穷水尽疑无路,柳暗花明又一村",忍耐就是力量;耐不住、坚持不下,就很难成功了。

第二,要有承担的勇气

能够成功的,通常都是勇于承担的人,在承担的过程中,可以积累智慧经验与福德因缘。如果难关来了你畏惧,困难来了你推诿,就无法成事了。因此,愈是困难愈不要推诿,抱持"我要负责,我要担当"的勇气。如果肯担当、能负责,自然会产生力量,也能给别人信心;如此必定能渡过难关。

第三,要有吃苦的精神

不要时时只想到要别人来帮忙渡过难关,所谓"靠山山倒、靠人人老",人不一定都靠得住。要想渡过难关,最重要的是自己肯吃苦,能不怕苦、不怕难,有这样勇敢的精神,辛苦和困难,往往会慢慢消失退却而苦尽甘来,化险为夷了。

第四,要有不挫的毅力

一般人都不太能接受挫折,常常为了事情的一点挫折就泄气了,或者别人讲了一句不顺心、不中听的话,就整天为了那句或许只是无心之言的话,而耿耿于怀地和自己过不去。如果在挫折之下懈怠、灰心、沮丧,鼓不起精神,最后不但不能渡过难关,还会让自己从此一蹶不振。

禅门有一句诗偈云:"真金须是红炉炼,白玉还他妙手磨。"即是告诉我们要想渡过难关,必须能忍耐、能承担、能吃苦、能不怕挫折。

如何改过

平日我们为人处世难免会犯错,其实不怕做错事,也不怕有过,只怕"有过不改"。孔子说:"知耻近乎勇",改过,必定是一个好习惯,改过,也必定具足勇气。我们要如何改过呢?提供以下四点秘方:

第一,把过去的观念陋习改正

我们做人,就是要涤瑕荡秽,日日更新自己。好比梁启超所说:"今日之我,不惜向昨日之我宣战。"汉朝韩信,改正不良陋习,从一个小混混,成为开国大将军;宋代寇准,改掉游手好闲的习性,因而考取进士,并且成名于后世。要改过,就要不断地把过去不当的观念、不当的习气改正,否则一直坚持自己的陋习不肯放下,"我执"太重,就不容易进步。

第二,把内心的无明烦恼去除

过失是怎样发生的?大部分过失,都是起于"无明","无明"就是不明白道理。不明白,就随意乱说,不明白,就随事乱做,引来嗔恨、嫉妒、傲慢、多欲、贪求等种种烦恼,严重者,还会造成无边的祸患,甚至引发难以想象的灾难。因此,我们要把内心的无明烦恼去除,过失才会减少。

第三,把浮动的躁气妄想化导

细细观察,我们每天在妄想、颠倒、烦恼里面转来转去,心浮气躁,不得安宁。倘若心静下来,去除虚妄的想法,沉淀浮动暴躁之气,才能感到"静观万物皆自得"。这就要靠我们拿出勇气与智慧,化导这许多不良习气。

第四,把无理的暴戾侵略舍去

我们还会常犯一种过失,就是对人无理,个性暴戾,对人不友好、不仁慈、侵犯别人等,这样的陋习必定要舍去。因为暴戾之气不但让人失去友谊,更是不利己,尤其现代医学发现,一个人内心情绪失去平衡,容易产生毒素,这些毒素在体内蔓延,侵蚀健康,自己痛苦,太划不来了。

人不易改过,是误把"认错"和"自尊"混为一谈。许多人遇错,不是与人争辩,就是顾左右而言他,甚至推三诿四,装出漠视的样子,实在可惜。认错改过,既无损气概,也无损矜持,所谓"知错能改大丈夫",这也是人之所以尊贵的地方。

如何排除烦恼

古诗云:"天长地久有时尽,此恨绵绵无绝期。"烦恼也是一样,从小到大,人的烦恼,可说是无量无边,无时无之。到底烦恼从哪里来?总归纳可以说是从"无明"来。无明,所以智慧不够,无法了解真理,解决问题;无明,所以心念不正,妄求过多,无法满足,甚至常常是"天下本无事,庸人自扰之",自找而来。到底如何排除烦恼呢?有四点意见:

第一,要能够自我反省

能够自我反省,就会减少烦恼,从反省中,不断净化、不断蜕变。刘备自我反省不如曹操之智谋,故礼请徐庶、诸葛亮等谋士,而有后来三分天下的成就;袁了凡居士,用功过格自我反省,甚至改变了自己的命运。能够反省,可以排除烦恼,自我改造,成就事业。

第二,要能够自我进修

古德云:"真金须是红炉炼,白玉还他妙手磨。"能经得起磨炼考验,烦恼就奈何不了我们。磨炼自己,正可以从自我进修开始。草民皇帝朱元璋,打仗犹不忘读书,网罗儒士,成为开国霸主。尤其现代提倡全方位学习,更要终身学习,破除烦恼,才能走出自己的人生道路来。

第三,要能够自我忍耐

怎样才能没有烦恼?自我忍耐。所谓"忍一口气,风平浪静;退一步想,海阔天空"。天下很多的烦恼,只要忍,你就能够忍饥、忍饿、忍热、忍寒、忍是、忍非,甚至忍一口气,就能够认识、处理、消除。周瑜因不能忍诸葛亮,结果把自己气死;贫民窟出身的安徒生,能忍别人的排挤与欺负,保持乐观与毅力,成为一代文豪。所以"忍"有很大的力量,能够排除烦恼。

第四,要能够自我批评

怎样排除烦恼?自我批评。世界首富比尔·盖茨说:"有自觉的人,能客观地自我批评。"另外一位曾登上世界首富的埃里森也说:"人们必须开放,富有自我批评精神,完全诚实。"人要能自我批评,对自己批判改进,才能看清烦恼,进一步化解烦恼,才能不断地提升进步。否则光是责怪别人、批评别人,不仅于事无补,只会招惹越多的烦恼。

古代的圣人,闻过欢喜,去恶就善。聪明的人,要把自己管理好,内自省而发智慧,健全自己,就不会有烦恼。

离是非烦恼

佛陀曾说天下有二十难,其中之一就是"不说是非难"。圣人以"守口、少说、莫传"为智慧,即是告诉我们不听、不传、不讲、不管是非,自能远离是非烦恼的缠缚。如何远离是非烦恼呢?

第一,祸患止于未然

我们常说"人无远虑,必有近忧";晚唐诗人杜荀鹤的《泾溪》写道:"泾溪石险人兢慎,终岁不闻倾覆人;却是平流无险处,时时闻说有沉沦。"正是提醒我们"积谷防饥""有备无患"。古人在风调雨顺之年,大都会囤积粮草,以防备灾荒突然降临。我们也应时时心存忧患意识,事先预作未来的打算,才能让祸患降到最低。

第二,是非止于智者

《药师经疏》里有一则譬喻:有两只感情甚好的猛虎"善牙"与"善博",它们日日相伴捕食动物。另有一只狡诈的野狐,则专门在附近捡它们吃剩的食物。野狐担心两只猛虎总有一天会联合起来对付自己,所以常常分别对两只老虎造谣,离间它们的感情,使得两虎因而相互仇视。所幸后来善博冷静、理智地分析前后,拆穿了野狐的挑拨,才化解彼此的误会。因此,当是非入耳时,我们要以智慧判断，才能远离是非之患。

第三，失败止于计谋

一件事情的成败，取决于我们是否事先作策略谋划。《汉书》中提到："运筹帷幄之中，决胜千里之外。"说明善于运筹者，谋事必成；反之，草草行事，心有不慎，没有事先作好筹划，必定功败垂成。刘邦之所以能击败项羽，正是因为张良擅长计谋。倘若做事懂得事先计划，必能免于失败，迎向成功。

第四，烦恼止于觉照

烦恼来了，"提起正念"是必要的良方。能从烦恼迷茫处深观事理，觉照心念，且懂得自省、忏悔、认错，烦恼自然无疾而终。《大慧普觉禅师语录》写道："瞥起是病，不续是药，不怕念起，唯恐觉迟。"所以不要畏怯烦恼，重要的是要有觉照力；有了觉照力，便能突破烦恼，远离恼害。

人生是非、烦恼、失败、祸患，无时无刻不盘旋在我们生活中，如何远离，唯赖我们以智慧对事物作出谨慎的判断，方能脱离是非烦恼的缠缚。

穷通不变

处变不惊,才能庄敬自强;穷通不变,才能安然自在。做人要处变不惊,做人更要处穷通而不变。如何"穷通不变",有四点说明：

第一,不因穷困或富有而改变态度

人生的际遇,有时穷困,有时富有,"贫穷"和"富有"看起来是两个相互对立的形容词。其实贫富并不是绝对的,世上贪心不足的人永远贫穷,乐于布施助人,则永远都是富有的人。所以,贫富不能只看形相上的财富,而要看内心无形的财富。一个人能"富贵不能淫,贫贱不能移",不因自他一时的穷困或富有,而改变待人的态度,这种品格操守,比起金钱财富,更为宝贵。

第二,不因安然或险遇而改变心情

人的心情,常常随着外境的变化而起伏不定。心情经常变化莫测的人,往往给人情绪化,难以捉摸的感觉,所以做人要沉得住气,不要轻易把喜怒哀乐形之于色。平时安然自处时能气定神闲,遇到险难危急时,也能临危不乱;能看清世间的实相,不因安然或险遇而改变心情,时时泰然自若,更可见出一个人的修养之高。

第三,不因礼遇或违逆而改变尊敬

对人尊敬,是因为这个人有值得我学习、崇拜的地方,并不是因为他对我好、礼遇我,我就对他尊敬;相对的,不能因为他违逆我,不顺我的意,我就改变对他的尊敬。尊敬一个人,要散播他的善行,诸如他的风范、他的道德、他的学问、他的能力等。对人尊敬,是做人最起码的道德,因此不管别人对我好与不好,我也不放弃自己对人的尊敬。

第四,不因成功或受挫而改变信心

成功时,信心满满;失败时,灰心丧志,这是一般人的反应。但是一个真正成大事的人,小小的成功固然不会志得意满;受挫时,也不会失去信心,甚至消极悲观,反而愈挫愈勇。例如爱迪生在面对产业付之一炬时,他说:"感谢这把大火,将我以前所有的错误都烧尽。"这才是真正能成大功立大业的人。

"祸兮福所倚;福兮祸所伏"。人生的际遇,穷通祸福,成败得失,都只是一时的,不管好坏,如果能看成是人生的点缀,不必太过介意,心灵的空间会更宽,而不至于把自己逼上死角。

穷败之因

世界上为什么有的人能成功,有的人却失败;为什么有的人富有,有的人却贫无立锥之地。这些"穷败之因",除了因缘造作之外,还有来自个人的分别取舍。一般人总喜欢选择什么是自己喜欢的,什么是不喜欢的;喜欢的就趋之若鹜,不喜欢的就弃若敝屣。一个人如果只肯做自己喜欢的事,完全不顾道德、法律、人情、舆论的话,这就是"穷败之因"。以下有四点看法:

第一,富而不肯喜舍则穷

布施看起来是给人,实际上收获最大的是自己。道家所谓:"收藏蓄积而不加富,布施粟受而不益贫",一个"拔一毛而有利天下吾不为也"的富有之人,就像将自己反锁于粮仓一样,虽坐拥如山如海的粮食,但总有吃尽耗绝的一天;一个懂得布施者,就如播种下土一般,看起来总是不断地付出,但其结果却是丰收采实,所以富而不肯喜舍则穷。

第二,贵而不肯积德则败

身居高位、享受厚禄的人,却不知积福德,不愿与人结缘,则有衰败之患。如《史记》说:"在德不在险,若君不修德,舟中之人,尽为敌国也!"就是说明一个居高位的人,如果不修德政,即使与你同舟共渡者,都可能成为你的敌人。常言道:"得意勿忘失意时",一个人在得志的时候,要能广修福德,积善结缘,否则失了民心,虽处高位也有"水覆舟船"之虞呀!

第三,少而不肯事长则衰

年轻人不肯敬侍长辈,后学不肯尊敬前贤,都是因为贡高、我慢而形成自大的态度。所谓"满瓶不动半瓶摇",一颗不成熟的果实,总在风雨来时提早夭折。古人所谓"满招损,谦受益",就是告诉我们多一分的谦逊,则能多一分的受益。没有前人的拓荒开垦,后人怎么会有树荫乘凉?人要懂得追本溯源,长者是经验的积累、是智慧的结晶,能亲近长者,才能从中获取成长与人生的精华。

第四,愚而不肯亲贤则劣

自己愚笨,又不肯亲近贤人,自会更加卑劣;经常与不善的朋友在一起,则更增长恶习,此即所谓"近朱者赤,近墨者黑"。《说苑》里记载一则故事:孔子问宓子贱:"你是如何将单父治理得如此之好?"宓子贱回答:"我亲近五位贤者,他们教了我许多东西。"孔子说:"这是建大功业的关键呀!"孟子也曾说过:"仁者爱人没有偏心,但只亲近贤者。"亲近有智之贤人,接受他们的引导,才能增长智慧,进而去恶向善。

人的一生不可能十全十美,有智无福、有福无智,或是威德不够而受人轻贱,都是人生的缺陷。人的贫富贵贱、智愚兴衰,虽与前世业缘有关,但今生的努力也能加以改善。反之,即使福报、智慧俱足,但不懂得结缘、积德,也会由富变穷,由尊贵而卑微。

不顺的原由

人的能力有强有弱,有的人虽然资质平庸,因为善于结缘,做起事来左右逢源,无往不利;有的人尽管才华横溢,却是处处碰壁,百般不顺,事事艰难。其实,人生的际遇不管做事难易,乃至穷通苦乐,都有它的原因存在。顺利有顺利的条件,不顺有不顺的原由。"不顺的原由"主要有四点:

第一,艰难由懒惰而来

俗云"天下无难事,只怕有心人",世间事无难易,只要有心。有心做事,铁杵都能磨成绣花针;无心做事,举手折枝也嫌难,所以"自古艰难唯一懒"。时下常见一些年轻人虽然有心创业,但一遇到艰难困苦就裹足不前、泄气失望,甚至感觉志不得伸而怨天尤人、怪你怪他。其实一切的艰难,都是由于自己懒惰而来,因为懒于勤劳做事,懒于广结人缘,懒于与人为善,自然一事无成了,所以,懒惰懈怠就是自毁前程。

第二,苦楚由悭吝而来

人生有多苦,悭贪是一苦。悭吝不舍、贪得无厌的人永远不知足,他永远看不到自己所拥有的,反而一天到晚羡慕别人、嫉妒别人比自己快乐、比自己富有，因此痛苦不堪。反之，一个懂得布施喜舍的人，所谓"舍得"、"舍得"，能舍才能得，不舍怎么能得呢？因此一个人如果过于悭吝、过于自私，必然错失许多际遇，失去很多人缘，自然就会感到苦楚了。

第三，借口由推托而来

路是人走出来的，每个人都有自己的人生路待开创，有的人走来一路亨通，有的人走得颠簸坎坷，到处受阻。当中除了因缘际遇不同、才能智愚有别外，更重要的是，能干的人遇到困难，他会想种种的方法去克服、解决；不能干的人遇事总是想各种理由去推诿、塞责。"我这个困难，我那个不行"，这项也拒绝、那样也回避，因为有太多的托词，有太多的借口，所以许多因缘就这样平白失去了。

第四，贫苦由奢费而来

古人说"贫贱夫妻百事哀"，贫穷本身就是苦，所以贫与苦总是伴随在一起。贫苦的原因，除了前世没有布施种福田以外，所谓"奢侈是人为的贫穷"，今生如果生活过于浪费、奢华，也会得到贫苦的报应。所以我们要节约能源，要爱惜金钱财物，甚至更要爱惜时间、爱惜福报、爱惜因缘，不能浪费无度，才能免招贫苦之报。

面对压力

现代人普遍感到压力太大,由于从悠闲的农业社会,进入要求快速、高量、竞争大的工业社会,每个人都很忙,忙得不自觉地武装起身心,像绷紧的弹簧,以应付来自事的压力、人的压力,因而形成心理巨大的压力。面对无所不至的压力,应如何面对?如何纾解?提供四点意见:

第一,勤奋,不故意拖延

工作上的压力,大部分出于任务无法如期完成。可能就要勤奋一点,今日事、今日毕,不要把今天的事情留到明天。如果将今天的工作留待明天,如同前债未还,后债又来,累积多了,当然就有压力。因此,即使辛苦,当办的事把它办了,不逃避、不拖延,就能减少工作带来的压力。

第二,忍耐,不顾忌批评

有些压力是从他人的意见、闲话、批评、毁谤等等而来。若没有判断意见的智慧,没有不理闲话的从容,没有接受批评的勇气,没有忍受毁谤的能量,自己没力量来担当、处理、化解,就是没有忍耐力,这些负面的情绪,就会是很大的压力。因此,解除压力,必须有忍耐力,要能不顾忌他人的批评、毁谤。

第三,勇敢,不过度自责

有时处理事情,忙中有错,不免会自责懊恼。过度自责也会形成压力。《礼记》说:"力行近乎仁,知耻近乎勇。"只要不是习惯性的粗心大意,或心不在焉,玩忽职守,而是不小心犯错,能够勇敢承担错误,尽力弥补,警惕自己知过悔改,也就不要太过自责。

第四,放下,不患得患失

有压力,就是放不下,什么东西都摆到心上。将名利地位放在心上,名利地位就是你的压力;将金钱爱情放在心上,金钱爱情就是你的压力;将人我得失放在心上,人我得失就是你的压力。能将这些身外之物看淡、看轻,不患得患失,压力自然就会不见了。

有经验的人在栽培豆芽菜时,会在绿豆上放一块砧板,有了砧板的重量,豆芽会长得又胖又壮;鲶鱼是小鱼的天敌,在运送小鱼时,如果在鱼箱中放进一条鲶鱼,可提高小鱼的生存率。可见压力也是成长的要件,因此要乐观面对,适度纾解,不须太过担心害怕。

挫败之因

世界上无论什么事情都有它的因,一个台风的形成,有它形成的原因;地震,有地震的原因;一个人中了彩券,也有他得到意外之财的原因;人缘好、人缘不好,富贵、贫贱,都是其来有自,都自有缘由。当然,生活中的挫败也有挫败的原因:

第一,艰难由懒惰而来

有些人在创业时,遇到艰难困苦,求助无门;有些人没有人缘,遇到挫折也得不到贵人相助。遭逢志不得伸,潦倒无奈时,千万不要怨天尤人,要反观自省,因为一切艰难必定从自己的懒惰而来。平常不勤做善事,不勤广结人缘,不勤与人为善,事到临头,如何要求碰到好机缘?如何要求有贵人援手相助?

第二,苦楚由悭吝而来

有人觉得自己的人生暗淡无光,不由得要嫉妒、羡慕他人的快乐与春风得意。别人能够左右逢源,必定有他的因缘,他肯与人为善,肯成就他人的快乐,他自然能有春风得意之报。人生暗淡无光的苦楚,则是拜悭吝所赐。太过悭吝、自私,不肯成就他人,自己也会失去好的际遇,不得人缘。舍得、舍得,若是从来都不舍,怎么能得？

第三，借口由推托而来

大部分的人不能成功的原因，是借口太多。这个困难，那个不行，这项工作也拒绝，那项劳务也不做。这许多的托词借口，把原有的善因好缘都往门外推，白白错失成功的机遇，当然就只好品尝挫败的滋味。

第四，贫苦由奢费而来

有些人慨叹贫穷、困苦。此生贫穷的原因，一则是过去世未能种植富贵的因缘，如布施、结缘，因此出生于边荒之地、贫穷之家。二则今生虽生于小康或富贵之家，却过于奢华，将家产耗尽，把福报轻易浪费掉，只得过着贫苦的生活。

佛教讲因缘果报，"善恶之报，如影随形；三世因果，循环不失"，有智慧的人害怕种下不好的因，所以"慎始"；凡夫俗子却只怕结果，不知在因地下功夫，等果报来了，才畏惧、抱怨。我们要学习智者，留心原因，培植好因善缘，破除坏因恶缘，才能转凡成圣。

代替之宝

我们待人处事,有时会养成不自觉的负面态度,比方抱怨、冷漠、虚伪、傲慢、主观等。长久以这些负面的态度待人,必然会让人反感。在此提出八个代替方案:

第一,以关爱代替抱怨

每个人都有自己的个性,又因生长环境及不同的生活经验,在思想、态度及行为习惯等各方面,不免会有歧见。若是以抱怨来反映不满,只会加剧争执;唯有以关爱来代替抱怨,才能化解冲突。

第二,以热忱代替冷漠

身旁的人是我们的镜子,当我们显示一副冷漠的表情,镜子映现的当然也是一副冷面孔。所以要以热忱来代替冷漠,如此,我们所回收的热忱,必定百倍于所付出的。

第三,以鼓励代替责罚

子弟、下属若有过失,用责罚的方式来要求,不一定能收到效果。若善用鼓励,婉言规劝、一句嘉许的话,或一些赏赐,让他感受到我们的期许,产生的力量会更大。

第四，以启发代替公式

现代人办事都讲究程序、公式。当然，公式、程序很重要，不过，若能以启发性的引导代之，对受教者必能得到更大的助益。

第五，以宽容代替严苛

古人说"律己宜带秋气，处世宜带春风"。秋天之气是肃杀、严谨的；春风是温暖、柔和的。对自己的一言一行要谨慎严格，德行学业才会进步；待人则要宽容敦厚，才能让对方衷心感动、服气。

第六，以真诚代替虚伪

虚情假意或许能骗人一时，几次过后让别人瞧出我们的虚假，会自动将我们的言行举止打折扣。真诚待人，才能历久不衰。

第七，以谦让代替高傲

有的人以傲慢的态度显示自己的高贵，冀望获得别人的尊敬。其实傲慢的态度往往代表内心的浅薄，反而更让别人轻视。唯有谦虚礼让，才能赢得别人的真心尊重。

第八，以客观代替主观

能客观地观察事物，所提出的建言或看法，会更周延完整，容易为人所接受。因此，不要太主观、太执着，才能赢得他人的好感。

提出以上八点"代替之宝"，希望大家能以好的、正面的处世态度，来改正负面的、不好的行为态度。

失去

我们常常为了遗失某些东西,急得不得了。如掉了证件、丢了钱财、遗失心爱的东西等,失去这些,会让我们难过不舍。或许不小心掉的钱,正好是儿女的教育费;遗失的是有特殊意义的纪念品;证件掉了,要挂失,要重新申请。但失去这些东西,虽然心疼、麻烦,毕竟只是身外之物,算是"小失"。有些"失去",失去的是自己的大部分,甚至是全部。

第一,资财失去,失去一点东西

钱、皮包被人偷去,或是自己弄丢了,虽然着急,但是丢掉钱财损失有限,再赚就有,节俭一点也还好,不用太在意与难过。古人劝说"财去人安乐",虽然是阿Q的想法,却也不失安慰之道。

第二,勇气失去,失去部分东西

有时候我们做某件事情,突然丧失勇气,事情的难度扩大,而自觉无法冲破难关。失去了勇气,也丧失成功的机会,想赚钱却没有勇气,只好与财神爷错身而过;想创业却缺乏勇气,只好安分守己做个小职员。失去勇气,也还不是最糟糕,只是丧失可能的成功机会,失去人生的部分东西。

第三,荣誉失去,失去许多东西

有许多人把荣誉看得比生命还重要。荣誉是以辛勤的学习、无数的辛苦和牺牲奉献才赢得。因此,在光鲜的荣誉背后,有许多不为人知的辛酸艰困,甚至付出血汗生命,才获得他人的肯定、钦佩、激赏;人生也因为这些荣誉而伟大。一旦荣誉失去,就失去了许多东西。

第四,信心失去,失去一切东西

一个人对人生有信心,才能看见光明;对国家、社会有信心,才会觉得前途充满希望;对事业有信心,才能成功在望;对修行有信心,才会有所成就。因为有信心,再大的难关都会冲破,再长远的道路都会勇往直前,再高的山岳,都会奋不顾身往上爬。就是大海中的珍宝,只要有信心,也能入海采得宝物归。所以《华严经》说:"信为道元功德母,长养一切诸善根。"若失去信心,就失去了一切希望。

失去了资财没关系,靠勤与俭能补回来;失去了勇气,可能会让自己错失一些好机会;失去了荣誉,人生相形失色;一旦失去信心,这一生就不免要暗淡无光了。人生在世,或许难免会失去某些东西,但是要谨慎,切莫让自己失去了荣誉和信心。

去除而后有

我们常听到"人要不断进步"这句话,如何才能进步?天台宗说"一念无明法性心",当我们的心处在无明的状态时,法性就显现不出来;我们的心保持在清清明明的法性之下,无明自然就不见了。如何才能进步?去除坏的、恶的,好的、善的就会显现出来:

第一,去丑即是美

我们常说"相由心生",可见相貌的庄严与否,是由"心"来决定。一个艳若桃李的人,若存蛇蝎心肠,别人定要避之唯恐不及;而相貌平平的人,却往往因为内心的高贵而让人乐意亲近。因此,只要去掉内心丑陋的念头,所显现的即是庄严美丽。

第二,去非即是是

写错字时,我们会用橡皮把错误擦去,订正为正确的;行为处世也一样,不用刻意去追求"对的事",只要不断地去除当下的错误行为,即是走在"对的"路上。

第三,去愚即是智

当一个人"自以为是"时,别人是无法改变他的,除非他自己愿意改变。人有时候不免会愚痴执着,陷溺在自己构筑的想法当中,此时旁人再有智慧,也无法帮助他跳脱愚痴的牢笼。其实,智慧不假外求,只要肯放弃愚痴执着,就是智慧。

第四,去迷即是悟

"执迷不悟"这句话相当传神,执着"迷",紧紧抓住所"迷"的思想、习惯、信念,一直不肯放手。不肯放手,如何能有"悟"的契机?其实,只要把迷执放掉,就如同拨云见日,迷去悟就来。

第五,去恶即是善

如何为善?口不言恶,所言即是好话;心不思恶,所思即是正念;身不行恶,所行即是善事。远离十恶业,戒除身、口、意之恶,自然就是实践十善业道。

第六,去妄即是真

真与妄,是一体的两面,如果一直执着在虚妄里,真实就不可能现前,一定要把虚妄舍弃了,真实才会显现。所以说:烦恼不除,菩提不生;罪恶不去,善美不来。

《维摩诘经》说:"譬如高原陆地不生莲华,卑湿淤泥乃生此华。"不要担心我们处在污秽的娑婆世界,只要能在这五浊恶世的"烦恼泥"中,不断地去除丑、非、愚、迷、恶和虚妄,就能体会、实践真正的佛法。

耕耘

　　人人心中有一亩田地,在人生春夏秋冬的时序里,翻土、播种、耕耘、施肥、灌溉,是丰收?是歉收?全取决于我们自己的用心耘作、勤劳与否。有云"一分耕耘,一分收获;十分耕耘,十分收获"。你努力勤奋,则丰衣足食,你懈怠放逸,自然荒地一片。每个人如何耕耘自己的一片田地呢?

　　第一,作家在格子上耕耘

　　有人说,写作是"不积跬步,无以至千里;不积小流,无以成江海"。诚然是也,笔杆作锄头,格子是田地,思绪为泉源,作家们靠着自己的双手,日夜摇动,勤苦灌溉,犁出一片思想田园。一篇篇文章的完成,无不经过作者在一格一格的稿纸上耕耘思想、抒发胸臆,在指缝间遣词立意,表情达理,在行列里串成句,组成文,连起珠玑的方块字,得以辑成作品,呈现世人。

　　第二,农民在土地上耕耘

　　土地是农民生活的根基,生存的来源。唐朝李绅的《悯农》诗写得贴切:"锄禾日当午,汗滴禾下土,谁知盘中餐,粒粒皆辛苦。"经过风吹日晒、披霜踩露,才得以血汗换取丰硕的果实。所谓"民生在于勤",没有寒耕热耘,怎有禾稼之得?农民劳动虽艰,但农作物丰收时,也收获了喜悦。

第三,教师在黑板上耕耘

身为教书的老师,黑板是他耕耘的田地。日日月月,播下智慧的种子;岁岁年年,培育希望的幼苗。一笔一画为钥匙,打开思想的大门;一字一句作管道,开启心智的通路。学生经过教导,在社会上,各持一方;老师不断耕耘,在黑板上,百年树人。

第四,禅者在心地上耕耘

我们常说要"开发山坡地""开发海埔新生地",这些地开发了,就会发挥作用。佛经中也譬喻我们的心犹如田地,心田开发,才能播种,展现功用。发心就是开发自己的心地,在日常生活中,你发心睡觉,觉会睡得好;你发心吃饭,饭会吃得饱;你发心做事,则无事不办。而参禅者,更是在自己的心地上耕耘,他们拔除烦恼的杂草,播下般若的种子,灌溉清净的花朵,开发出无数的珍贵宝藏,成就无量的法身慧命。

家有良田,可以积谷防饥;心有良田,需要耕耘开发。无论你在社会上扮演什么角色,是作家、是农夫、是教师、是禅者,自己的田地,都得要靠自己去开垦,去耕耘,才能田地肥沃,硕果累累。

取代

世间得意失意、欢喜悲伤、拥有失去,都是人生的调味料,其中酸甜苦辣,百味杂陈,如何调和,唯有靠我们心念的转换。若能以善的种子"取代"恶的种子,则日日是好日,念念无烦恼。那么要如何"取代"呢?

第一,欢愉可以取代哀愁

我们习惯将悲喜交付在他人手上,一旦不顺从己心,立刻被外境牵引,愁肠万转,无法展眉。如此身心大受其累,不是很蚀本吗?生活在于追求心灵上的欢愉升华,工作时喜悦成就,哪怕吃饭、睡觉,都能欢喜自在,如此自能取代哀愁,开广心境,摆脱俗见,赶走哀愁的侵袭,让自己创造欢愉的气氛。

第二,成功可以化解失败

每个人都向往成功,学生渴望金榜题名,农民祈望硕果累累。然而人在世间,却免不了遇到失败。失败不可怕,懂得化解,重新站起,才是最重要。孙中山屡次革命,民主体制才得以建立;鉴真大师六次出航,终于东渡日本成功。生活中,你也可以制造成功的机缘,说一句好话给人欢喜,就是说话成功;做一件好事获得肯定,就是做事成功。只要心中拥有成功的信念,纵有失败,也不害怕。

第三,富贵可以去除贫困

日本德川时代的保科正之,问他的属下五卫门:"什么事让你最感幸福?"五卫门回答:"贫困。世界上,很多富贵的人都不快乐。我因穷,所以获得一点东西,就足以让我快乐半天。"

贫困让我们匮乏,生活不得满足。与其陷入不快之境,何不学习五卫门的豁达,心生富贵之念,保持知足之心,常存欢喜之乐,自然不觉得贫困。所以,富贵不一定由外境来,从心中流露,才是真实的富有。

第四,信心可以取代怯弱

小草不怕风雨,倒了很快又站起来;鲑鱼不怕激流,因此能逆游而上;我们也可以学习小草,从人生的困境石缝中探头出来;效法鲑鱼,让生命的信念回到源头。只要对事情有信心,对工作有信心,对自己有信心,自能取代怯弱的恐惧,勇敢面对人生种种挑战。

佛教有云:"一念三千。"与其期盼外境改变,不如转化内在的心境,何苦坐困愁城,让乌云蔽日?试着转换心境,以光明取代晦暗,以积极取代消极,自能见得一片无忧无恼,开阔清朗的心灵净土。

犯错

"人非圣贤,孰能无过?"凡夫众生难免会有犯错的时候,但是"知过必改,善莫大焉"。所以人不在于无过,而在于知过能改。

过去大禹之所以为人所赞美,并不是因为他不曾犯错,而是他能"闻过则喜";孔子的弟子子路为人所称誉,也不是因为他不会犯过,而是有了过错以后,一经人指点,他都心存感谢,甚至"闻过则拜"。因此,人犯错之后的心态如何,可以看出未来的成就大小。关于"犯错"有四点说明:

第一,智者有错必认

有智慧的人,不必然只喜欢听别人对他的赞美,有时候赞美不当,他反而觉得你很虚伪。由于智者能"不以称誉为喜",他懂得"人之大善,在于知过能改",因此当别人指出他的错误、缺点,对他有所指正、批评,他反而觉得受益,这就是有智慧的人,所以懂得认错才是智者。

第二,愚者有错必饰

智者改过而迁善,愚者文过而饰非。愚者只要一听到别人指出他的错误,就极力否认,其结果是"迁善则德日新,饰非则恶日积。"时下一些年轻人,也常常容不得别人说他一点不对,他马上就有一大堆理由。比方说约会迟到,他全然不怪自己,反而说:"我出门时正逢交通阻塞;我刚要出门,电话就来了;我刚刚走出大门,就下雨啦!"他总有千百个理由,就是不肯承认自己有错,这就是无明的愚人。

第三,贤者有错必改

人,所以被尊为贤者,必然在事功或德业上有其足以为人典范的地方。例如颜回好学,而且"不迁怒""不贰过",故为孔门七十二贤人之一。贤能的人唯以改过为能,不以无过为贵,只要他发现自己有了过错,必定当下立誓改过。因为不饰过失,终能达于善美,因此勇于改过的人,必是贤能之人。过去贤明的君主,如康熙大帝、汉武帝等,都曾"下诏罪己"。

第四,狂者有错必执

一个人犯了过错,并不严重,严重的是不肯改过、不肯认错。只要肯改过、肯认错,就能不断进步,就能往圣贤之路迈进!反之,一次次犯错却从不检讨自己的人,由于狂妄自大,执着自己的看法,自然一错再错。这种有错必执的狂者,只能说积习难返无可救药矣。

世界上没有十全十美的人,也没有永远不犯错的人,重要的是犯错时,能觉知反省,对他人的错失,能有胸量包容。所以,一个人是智、是愚、是贤、是狂?就看自己面对过错的心态如何。

奋起飞扬

奋起飞扬,如旭日东升,多么美丽;奋起飞扬,如飞鸟振翅,多有活力;甚至植物为了求生存,一株小草,从墙缝里长出来;一朵小花,从尘土里冒出来,也都要靠"奋起飞扬"的力量。人也是一样,你要奋起飞扬,才是人生的意义。在你的生命里,在你的生活中,怎样来奋起飞扬呢?有四点意义:

第一,要立志进取

人不立志,没有目标;人不进取,没有希望。所谓"没有天生的弥勒,没有自然的释迦","舜何人也,予何人也,有为者亦若是",我要立志,我要进取,效法前贤,他好,我也要好,他大,我也要大,立定志向,设定目标,不断地精进,不断地进取,这就是奋起飞扬。

第二,要发心立愿

土地你不去开发,还是一片荒芜;心地你不去开发,能量不能发展。要成功立业,就要发心,立下你的志愿、你的发心,就能有所做为,成圣成贤。也许你会问:"我要做什么?"你可以发愿:"我愿做一道桥梁,给人通过;我愿做一棵大树,庇荫众人……"这都是发心立愿。又好比地藏菩萨立愿:"我不入地狱,谁入地狱""众生度尽,方证菩提",所以他就可以救苦救难,为众生所尊崇。

第三,要积极向上

积极,就是不懈怠;向上,就是不低下。人对生命,总有一股善美向上提升的希望,乃至要表达人生的真义,都必须精进向上,欣欣向荣,才能生生不息。积极向上的人生,对自己尽力,对社会大众也能有所贡献。

第四,要乐观开朗

人生没有总是顺遂得意的,你不能一下子就泄气,一下子就灰心,要奋起飞扬,就必须乐观开朗。乐观像明灯,它会照亮未来的前程;开朗如香水,它能广结芬芳的善缘。心胸乐观豁达者,凡事看得高远,就不会被眼前短暂的利益所蒙蔽;心中开朗积极,处处不与人计较,所以能成就大器。

奋起飞扬,让人感到希望无穷;奋起飞扬,让人觉得生命无限。有了这四点,就可以无事不办、无事不成。

过度之病

生活之中，人常常一不小心就过度了。比方过度饮食，无法自制，以致身心负荷过多，不能清晰思考。过度疲劳，经常打瞌睡，使得工作效率不彰；或者过度睡眠，也会精神不振，徒然浪费生命。甚至金钱太多，不知如何运用，或挥霍太多，都会出问题。过度之病有哪些？以下四点：

第一，过俭者吝啬

人要节俭，节俭才能致富。但是太过节俭，就变成刻薄、变成吝啬。人一刻薄，就会没有人缘，没有人欢喜你，别人也不肯给你帮忙；人一吝啬，行事就会不大方，眼光格局也不大，乃至被讥讽为小家子气。所以，古人说"俭约气固，吝啬气缩"，不是没有道理的。

第二，过让者畏缩

中国人讲礼让，在人际之间往来很重要，但是不能过分谦让。人过分谦让，就会变成一种畏缩，凡是一切事情，统统都给别人去做、别人去辛苦、别人去担当，那你是来做什么的呢？甚至有的人让到最后，甘心屈服于权势，不求自主，只有一生卑微。所以说，太过礼让，变成畏首畏尾，太过畏缩，只有一事无成。

第三,过谦者卑贱

做人要谦虚、要礼敬,对人要有礼貌、要尊敬,这都是立身处世的准则。但是,有的人太过曲躬谄媚,以为那就是谦虚,这种态度,反而让人感到矫揉造作,只会让人看不起。谦虚是美德,但是谦虚要有尊严、要有自尊,这样的谦虚,才是适当的、庄严的、尊重的、平等的。

第四,过速者马虎

有的人做事速度很快,无论做什么都讲究时效、效率。效率的确是要争取的,但是太过快速之后,变成马马虎虎,结果只有质量不好,重新再来,有云:"欲速则不达",就是由于过度马虎所致。尤有甚者,要求快速,变成草率,敷衍了事,任意随性,这都是非常不负责任的行为,这样的人生怎能成功?

所谓"不吃过头的饭,不讲过头的话,不走过头的路,不做过头的事"。过度,会失去现前因缘,适度,才能照顾眼前当下。因此,无论做人处事、生活起居,都不能过度。

忍的意义

"忍字头上一把刀","能忍片刻,风平浪静";自古中国人就把"忍"视为最大的修养,并且以此传家教子。所谓"成功不由别处得,唯依忍耐天下平",能忍,则一生受用无穷。忍,不光只是忍气、忍苦、忍怨、忍难而已,"忍"的意义很大,有四点说明:

第一,忍是一种力量

世间最大的力量是"忍",忍的力量胜过一切刀枪拳头。所谓"忍辱负重",忍并非懦弱退缩,而是在养深积厚中承担责任,其所蕴含的力量强大无比。美国总统林肯因为能够忍耐别人的非难挑衅,而以幽默的态度从容应付,因此赢得全民的爱戴;中国名相苏秦能忍"亲人不以为亲"而发奋"引锥刺股",终能执掌六国相印,这都是能忍所发挥的力量,所以《佛遗教经》说:"能行忍者,乃可名为有力大人。"

第二,忍是一种承担

所谓忍,就是外境加之于我的,不管有理、无理,当下都能接受,然后再加以化解、处理。佛教有名的白隐禅师,受人冤枉,只凭别人一句"这个孽种是你的",从此带着孩子四处托钵,化缘奶水,受尽别人的讥笑打骂,从不辩白,也无怨尤。由于他忍辱承担,终于让对方感动、忏悔,而成就一桩美满姻缘。忍耐有时不仅为了自己,更是为了利益他人。寒山大师说"欲行菩萨道,忍辱护真心"。菩萨发心,犹能杀身成仁,舍身取义,这就是一种承担。

第三,忍是一种功德

忍辱是一种阴德,可以增长福报。汐止弥勒内院的慈航法师,一日如厕后发现忘了带纸,向隔壁同参化缘,岂料对方把用过的给他,但他不因被作弄而生气,反在另一次为维护对方的人格,明知钱被其所偷,仍隐忍不说。经此之后,瘦小的慈航法师身相日渐发福,终如弥勒菩萨般慈悲庄严。《大集经》说,忍是安乐之道,忍能除贪嗔、邪见、两舌,并得自在、端正、威力等功德。"忍"是不侵犯别人,而要求自己,甚至自我牺牲奉献,所以忍是一种功德。

第四,忍是一种智慧

佛教讲"忍",有生忍、法忍、无生法忍。"生忍"就是为了生存,我必须忍受生活中的各种酸甜苦辣,不能忍耐,我就不具备生活的条件。"法忍"是对心理上所产生的贪嗔痴成见,我能自制,能自我疏通、自我调适,也就是明白因缘,通达事理。"无生法忍"是忍而不忍的最高境界,一切法本来不生不灭,是个平等美好的世界,我能随处随缘地觉悟到无生之理。所以忍就是能认清入世、出世间的真相,而施以因应之道,是一种无上的智慧。

唐伯虎的《百忍歌》说得好:"君不见如来割身痛也忍,孔子绝粮饿也忍,韩信胯下辱也忍,闵子单衣寒也忍,师德唾面羞也忍,刘宽污衣怒也忍。好也忍,歹也忍,都向心头自思忖,囫囵吞下栗棘蓬,恁时方识真根本。"忍,是天地间最尊贵的包容雅量,是宇宙中最伟大的和平动力!坚此百忍,方足以应付万难;小不忍则乱大谋,甚至丧身失命,"雁衔龟"的故事就是一个最好的警惕。

忍耐

《佛垂般涅槃略说教诫经》云:"忍之为德,持戒苦行所不能及。能行忍者,乃可名为有力大人。若其不能欢喜忍受恶骂之毒如饮甘露者,不名入道智慧人也。"忍耐是世间最大的力量,尤其在人我是非之间生存,更须坚守百忍,方足以应付万难。忍耐的好处有四点:

第一,休却多少麻烦

狠话到了嘴边,冲口说出,伤害很大,若能忍得下这口气,就可以和睦相处;遇到艰难困苦,轻言放弃,所有努力都是白费力气,若能忍耐一时,就多一份力量承担。所谓"欲成佛门龙象,先做众生马牛",凡事得忍耐。先忍之于口,是为下忍;再忍之于面,是为中忍;能做到凡事不动心,才是上忍。能够忍得住,一切麻烦都会化为生命的养料。

第二,增加多少欢喜

忍耐是天地间最尊贵的包容雅量,过去东德西德打破砌立已久的柏林围墙,互相交流;欧洲各国纷纷去除过去的成见,为设立共同市场而孜孜努力。可以说,忍耐是宇宙中最伟大的力量,难行能行,难忍能忍,最后一鼓作气,排除万难,终能饶益众生,增添无限欢喜。

第三,泯灭多少代沟

时代日新月异,观念代代不同,每个人都有许多不同的主张、理念和做法,彼此要相互尊重,容忍各种差异,长者不要倚老卖老,应常常吸收新观念,年轻人也不要自以为是,要懂得承袭经验。如此,不同世代能互让一步,就可以相处融洽。忍耐是一种力量,是一种慈悲,是一种智慧,更是一种相处的艺术。

第四,消除多少怨尤

怨天尤人不但不能消除烦恼,反而更会制造问题,唯有忍耐能够解决问题。工作的烦劳,为了责任要忍耐;生活的琐碎,为了生存要忍耐;家人的絮叨,为了亲情要忍耐。忍耐是认知真相,在面对荣辱毁誉时,更有勇气面对。忍耐忙碌、忍耐奔波、忍耐劳累、忍耐疲惫,忍耐过后,人生会更美好,更开阔。

忍有三种境界:生忍,是为了生存,在人间必备的耐力;法忍,是转识成智,运用佛法而产生的智慧;无生法忍,则是随缘随处能洞察一切事物本不生灭的自在境界。

能忍为高

一个人表现力量的方式有很多，例如以大声、以拳头等。其实，大声不见得是力量，相反的，正因为他没有力量，所以用大声来掩饰；正因为他没有力量，所以只有伸出拳头，表示有力。真正有力量的人，不是大声，不是拳头，甚至不是刀、不是枪，真正有力量的是"忍"。能忍者高贵，能忍者高尚，甚至能忍者高明，为什么"能忍为高"？有四点说明：

第一，忍难者必能奋斗

一个人遇到艰难的时候，他可以接受挑战，忍受得了挫折失败，必定具有奋斗的精神。鉴真大师东渡日本六次，终于抵达，成为"日本文化之父"；玄奘大师"宁向西天一步死，不回东土一步生"，其横越沙漠，留学印度，集佛学家、译经家、外交家、地理学家于一身的成就，可谓"万古仰完人，大汉声威扬异域；千秋传绝学，盛唐文物震全球"。所谓能忍难者，必能冲破难关。

第二，忍辱者必能知耻

有的人，你骂他，他不计较，甚至打他，他都不给你回报，不要以为他就是怕你，不是的，而是还没有到那个时候。所谓"知耻近乎勇",他能忍下一时的耻辱,忍下一时的困顿,他会知道要奋发图强。有朝一日,他会争出一口气。

第三,忍气者必能和谐

在很多的人事当中,最难忍的,就是忍一口气。生气时,可以自问一下:气的价值多少?能有多久时间可以气?你可以忍住一口气,就能大事化小,小事化无。唐寅说得好:"是非入耳君须忍,半作痴呆半作聋。"小忍,个人是非,转眼即过,大忍,如古人有谓"相忍为国",这种识得大体,才能促进和谐,才是有大力量者。

第四,忍苦者必能甘美

古人说:"莫大之喜,苦尽甘来。"人生艰难困苦,无时无之。所谓"能受苦方为志士,肯吃亏不是痴人",假如我能不怕苦,接受苦的考验,把苦渡过去,我的力量就大了。

什么是忍?忍是认识,是化解,是处理,是担当,是智慧,这就是一种力量。"能忍为高",这四点意见,可以作为我们修行的方向。

后顾之虑

"人无远虑,必有近忧",做人不但要眼光看得高、看得远,还要有"后顾之虑",也就是要能看得清自己的前途,也要看得到后退之路,要懂得预留余地,以便将来有个回头转身的空间,所以,"后顾之虑"也是一种处世的哲学。

如何才叫有"后顾之虑"呢?有四点说明:

第一,晴天要备雨天伞

朱子《治家格言》说:"宜未雨而绸缪,毋临渴而掘井。"凡事有备则无患,"有时"要思"无时"时,所以天气好的时候要备妥雨伞,以防天有不测风云;秋天时节要多积聚粮食,以便安心过冬;白天要准备好手电筒,则何惧黑夜来临?甚至对于大自然的天灾地变,人类虽然没有办法完全抗拒,但还是可以通过事前的预防来减少灾难的伤害,所以,居安要思危,晴天要备妥雨天伞,这是很正确的生活态度。

第二,上场念及下场时

人生没有不散的筵席,人生也没有不落幕的舞台。一出戏剧,当曲终人散的时候,演员必然要谢幕下台;一场讲演,当理念传达之后,讲者终要鞠躬下台,所以有上就有下,这是必然的定律。然而偏偏有的人不懂这个道理,所谓"上台容易下台难",甚至有的高官大员,一朝上台得势了,真是鸡犬升天,可是一旦失势后,失去了地位又该怎么办呢?所以,当处高位的时候,就应该想到总有一天要下台,千万不能盛气凌人,到处树敌,因为上场要念下场时。

第三,盛时要做衰时想

盛衰荣辱,人事更迭,这是人生难免的经历。有的人少年得志,有的人家财万贯,有的人才华横溢,人缘极佳,到处逢源事事顺利。但是你要知道,世事无常,月有阴晴圆缺,人也有生老病死,世间一切事都是成住坏空,当你飞黄腾达、盛极一时的当下,你可曾想过衰败的时候怎么办?所以最好要早做预备,所谓狡兔有三窟,蚂蚁储粮过冬,蜜蜂也要酿蜜,人怎可没有忧患意识?因此盛时要作衰时想。

第四,顺境要想逆境来

潮水有涨有落,人生有顺有逆。当处逆境的时候,固然要懂得顺境因;如果处在顺境里面,更要想到万一逆境来时怎么办?所谓"当得意时,须寻一条退路,然后不危于安乐;当失意时,须寻一条出路,然后可生于忧患"。所以不管身处顺境、逆境,唯有随喜随缘,才能找出通路。

总之,凡事预则立,不预则废,懂得"后顾之忧",自可免于遇事惊慌,举足失措。

思虑与知过

世间人的才智有高下之别,心性有贤庸之分,有些人既聪明又贤能,有些人既老实又平庸。如果自觉是平庸的老实人,也不用自卑,平庸憨愚不是罪恶。我们宁可作个平庸的好人,也不要做机智的坏人;宁可没有智慧,也不要做为害人间的聪明人。贤智与平愚,没有先天的好或恶,只是要知道守智守愚的重要。在此提出四项要点,供大家思虑与知过:

第一,智者千虑,必有一失

有人自以为很聪明,在人际关系上八面玲珑,在处事上面面俱到。为人处事能够心思缜密,当然很好,但千万不可自高自大。因为,聪明的人对问题虽然深思熟虑,偶尔也会失误出错,正是所谓的"智者千虑,必有一失"。即使聪明过人,也要能虚怀若谷。

第二,愚者千虑,必有一得

唐代贞观八年,太宗征调数万民工建洛阳宫,人民苦不堪言,皇甫德上书直谏,太宗大为生气,想治以重罪。魏征劝谏太宗:"自古以来凡是臣下上书,不激切就不能动人主之心。常言道:'狂夫之言,圣人择焉。'"太宗猛然醒悟,反而赏赐皇甫德 20 匹布绢,以示鼓励。《史记》说:"愚者千虑,必有一得。"虽然心智平庸,如能学习静心思考,观察入微,偶尔也会有一句好话,或提供一个好意见。

第三,智者改过,心知迁善

并不是才能过人,智慧高超的人,就不会有过失,只不过他知过能改。颜渊是孔子七十二弟子中最聪明的一位,但是令孔子最念念不忘的,是他"不迁怒,不贰过"的品性。聪明才智者,若只是改过,还属于消极,更要积极地去过迁善,善用自己的才智做好事,为人间谋福利,才不辜负自己的智慧。

第四,愚者耻过,心知向上

平庸憨愚的人,能对自己的过失感到可耻,就是美德。所谓"知耻近乎勇",知道过失的可耻,就是有惭愧心。在《百法明门论》中,"惭"与"愧"是11个善心所之中的2个,这两种心念均能使我们的行为更加光洁。一个人有了惭愧心,必定能力求向善向上,改过迁善。所以,虽然愚笨,只要耻于过错,必定可以得救。

心智的智愚贤庸,与业力有关,非我们所能决定。但是,不管是聪明的贤才,还是平凡的庸才,只要能够"思虑与知过",都是人才。

退一步想

人生有前面的半个世界,也有后面的半个世界,一般人的眼光只看得到前面,看不到后面,因此每天在前面的半个世界里,与人争得头破血流。其实有时候懂得"退一步想",眼界会更宽,世界会更广。"退一步想"蕴含无限的人生哲理,说明如下:

第一,狡辩不如木讷

做人最大的修养,就是无争。有的人好与人辩,凡事总要争个高低,辩个输赢。其实有理不在高声,理不是狡辩得来的,所以如果无理的话,尽管你再怎么能言善道,唇枪舌剑,理也不会站在你这一边。反不如木讷的人,与人无争,更让人觉得他通情达理,所以木讷反而能表达道理。

第二,多言不如沉默

俗语说:"多言不如多行",所谓"多言",也就是不当言而言、不必言而言,都是多言。有的人好讲话,别人讲一句,他可以滔滔不绝地讲个十句、二十句,甚至十几二十分钟。其实"言多必失",多言不但取厌,而且是招怨之由,所以古人惜言如金,所谓"沉默是金",又说"危莫危于多言",实乃智慧之语。

第三，妄动不如待机

《佛光菜根谭》说:"心不妄念,身不妄动,口不妄言,君子所以存诚。"有的人好表现、好出风头,常常在事情还未定案,机缘尚未成熟时便抢先行动,以致功败垂成。就如唱歌,如果抢先一拍,必然走调。所以凡事要待机,机就是机缘、机会、机遇;机缘未到,不可以轻举妄动,否则功亏一篑,得不偿失,因此,凡事不妄动,动必有道。

第四，忙乱不如条理

"有计划,则不乱;有分工,则不忙。"有的人做事没有条理,乱忙一通;有的人跟在别人后面穷忙,甚至越帮越忙。其实不管做人、做事,理路要清楚,要懂得灵巧,尽管事情再多、再忙、再乱,要懂得从忙乱中理出头绪来,所谓"乱中有序",千万不能盲目地乱忙,如此不但事倍功半,也失去了从工作中学习的机会。

退一步想,就是一种逆向思考;退一步想,才能超越原有的框框;退一步想,世界会更宽广。

宽广之理

我们常形容,宇宙好大,虚空宽广,乃至大海壮阔、高山峻拔,这"大、广、阔、拔",都有一个"宽广之理",如何从这宇宙虚空、山河大地学习宽广深厚的道理呢?有以下四点意见:

第一,河以蜿蜒故能远

河川因委蛇蜿蜒,故能源远流长。你看,印度恒河、中国长江、黄河,无不纳百川、收石岸,而曲折绵长,气势磅礴。我们为人处世也是一样,遇到瓶颈困境时,能如河水,遇山、遇石,不怕障碍,婉转以待,就有回转的余地。真净禅师云:"心随万境转,转处实能幽;随流认得性,无喜亦无忧。"因此,懂得像河水一样蜿蜒,必能扭转乾坤,宁静致远。

第二,山以重叠故能高

所谓:"泰山之高,非一石也,累卑然后高。"山之所以嶙峋峻拔,是起于微尘,层叠高起。而"干天之木,非旬日所长",也无不说明万物生长,需要养深积厚,具备积累之功。因此,我们更应自我惕厉,要想"欲穷千里目",就得要有日积月累的努力,才能"更上一层楼"。

第三，心以涵蕴故能容

古德云："唯宽可以容人，唯厚可以载物。"人我之间，之所以会有许多纷争、烦恼，都是出于气量狭小。反之，若是不断扩展自己的心量，涵容一切，蕴藏十方，把万物、众生都包纳在自己心中，不锱铢计较，自能"心包太虚，量周沙界"，身心宽阔，神怡意远。

第四，气以进出故能平

"气"，有进有出，一呼一吸，才能平和，没有说只能呼，或只能吸，而平顺的。因此，"气"要有进有出、有来有去才能通畅。我们的心也是一样。你吸进贪嗔痴种种烦恼不平之气，不排遣、不化解，如何平衡？所以气要能进能出，心要能宽能广，尽其虚空，遍满法界，无所不包，无所不容，就能开阔，自得平和。

"为学要如金字塔，要能博大要能高；为学要如群山峙，一峰突出众峰环"。成长，从小处慢慢增长，知识，从有限慢慢增多。要让自己进步，就要学习河的蜿蜒、山的重叠、心的涵容、气的进出，培养宽广的胸襟，体会宽广的道理，人生才能远、才能高，心中才能容、才能平。

不乱

有人说现在社会的秩序很乱。日常生活中,我们不也常在乱里生起无明、杂念吗?其实乱并不可怕,只要知道乱源在那里,正本清源,就能解决问题。如何将纷乱归于清净呢?有四点看法:

第一,不乱说而有诚信

我们在社会上与人交往,须秉持"有几分则说几分话"的原则。随意妄语不实,颠倒是非,即使短时间察觉不出来,但是"日久见人心",只要让人听出虚假、欺骗,就很难再得到别人的信任,尤其在凡事讲求实证的文明时代,无法确认的言语,如果信口胡诌,不但给自己惹下祸端,也会对别人造成莫大的影响与伤害。

第二,不乱行而有威容

君子洁身自爱,凡不符合道德的地方,不去;非法的言论,不说;非法的道理,不信;会乱人眼目的,不看,自然能养成浩然正定之气,进退得宜,行止合度而威仪具足。

第三,不乱交而能保身

每个人都需要朋友,但是交朋友一定要经过审慎选择,注意对方的品性、道德。古人言:"近芝兰,则气味日馨;近恶臭,则污秽日增。"如果交到坏朋友,整天游手好闲,吃喝玩乐,甚至为非作歹,跟这样的人为友,即使不被熏染变坏,也难保有一天,不会因对方做了坏事而牵连受害,所以,不与品性不良的人做朋友,是自保之道。

第四,不乱嫉而能有容

做人,要有"希望别人好"的气度。社会上有些人见不得别人好,只要看到有人比自己好、比自己强,就心生嫉妒,甚至打击、障碍对方,最后弄得同归于尽。嫉妒犹如一把火,不只是烧毁一个人才,而是烧毁整个社会的成就。人,要能互相助成,互相赞叹,要有"沾光"的心态,对于他人的成就、荣耀,能够乐见其成,随喜功德,就是一种心量的修行。

不论修行或待人处事,最高理想是能够"一心不乱";整日在贪嗔痴里流转、追逐,当然无法将心安住在正念之上。如果能够不当做的不做、不当说的不说,所行所做合于法律、规矩,就能治心不乱,不为诱惑所乱,不为无明所扰。

承担的定义

成功是一连串经验的积累，做人要勇于承担责任，要肯付出才能杰出。欲培养承担重任的力量，首先要从自我认识、自我训练做起，尤其不必讳言或逃避自己的短处，能够勇于面对自己的缺点的人，才能进步。承担的定义就是：

第一，对事不推诿

与人共事，最怕遇到居功诿过的人，有功是自己的，有过则推得一干二净，这种人没有人愿意跟他共事。另有一种人，遇事推诿，永远不敢承担重任，这种人前途有限。最好的做事态度，就是对事不推诿，这种人当下承担，大部分都是能干型的人，所以较能受到主管的重用，比较有机会承担重任，自然成就非凡。

第二，对人不官僚

做人免不了要面对大众，面对大众一定要对人谦虚、礼让、尊敬，才能得到别人的欢迎。有的人做事喜欢打官腔，喜欢摆架子，就被称为官僚。有官僚气息的人，当别人有求于他，不仅不给人方便，甚至以折磨人为乐。这种人缺乏与人为善的修养，其实也显示自己的能力不足，所以有承担力的人，对人绝对不官僚。

第三，对己不散漫

人生在世，要想有一番作为，除了别人的助缘以外，最重要的是自己本身要健全，例如学识才能要具备、胸怀眼界要高远，身体心理要健康、生活作息要正常等。尤其要有积极进取、奋发向上的精神毅力，时时保持精进乐观的动力，不可懈怠、退缩、萎靡、散漫，如此才有能力、精神、体力承担重任。

第四，对主不怨言

承事主管，要任劳任怨如大地，大地能长五谷、冒甘泉，却任人践踏而默默无言。为人属下者，也应具有成就主管的心胸，凡事多承担，多受委屈，如此必能受到上司的赏识。反之，如果经常抱怨发牢骚，主管自然不会重视、提拔你。所以如何与主管相处？最重要的是不要有怨言，要有"居下犹土"的修养。

一个人能够承担与否，往往就看他吃亏上当的功行有多深。吃得起亏上得了当，还能甘之如饴，面不改色，才能造就包容天地、忍耐异己的胸襟。

如何豁达

有一句话说:"成熟的人不问过去,聪明的人不问现在,豁达的人不问未来。"心胸开阔的人,把握当下,心里没有半点障碍,人生任何处境,都能面对处之。如何才能豁达呢?以下四点:

第一,发财不如发心

《劝发菩提心文》:"入道要门,发心为首。"发心,是肯定自己的力量。从发心中,可以拥有无尽的财宝。发心工作,会获得成就感,你努力付出,也会增加升迁的机会;发心研读,能读出学问的趣味,智慧知识愈来愈广博;发心修行,内心多一层体悟,自然多一份自在。世间的财富,会有用完的一天,发心的财宝取之不尽,用之不竭。

第二,改运不如改心

俗话说:"乌鸦的声音不改,飞到哪里都不受欢迎。"一个人如果心念不正,看什么都是歪的。如果不想被命运束缚,就要改变自己的心念,把污秽的心,改为清净的心,把邪恶的念头,改为纯正的念头;改掉情绪化的脾气,改掉逞强好斗的个性,运气自然会好转起来。

第三,治世不如治心

社会上有环保问题、经济问题、民生问题、治安问题、青少年问题……种种问题层出不穷。面对这些社会的沉疴,有人希望用严刑峻法,有人希望用种种条规约束,这都还是治标不治本。真正的问题出在人心,从人的自私、嫉妒、嗔恚、邪恶的心治起,大家的心治好了,这些问题就会有所解决。

第四,救人不如救心

有一则《中山狼》的故事,叙述东郭先生救了一匹狼,反而差点被狼吃掉,比喻不从心救,纵使救活,它还是不离旧习。该如何救人呢?贫穷的人,要帮助他有谋生的能力;懒惰的人,要激发他奋发向上的力量;苦闷的人,要帮助他建立正向的人生观。救了他的心,他的人生就跟着提升了。

豁达的人,处在困境能够安忍,处在顺遂乐于助人,处在疑惑找出答案,无论何境,都能为生命找到出路,因此能随遇而安、随缘生活、随喜而作、随心欢喜。

自我超越

现代人凡事讲究超越,超越现实、超越别人,甚至超越时间、空间,其实最重要的是超越自己。所谓"丈夫要有冲天志,不向如来行处行。"人的潜能是无限的,但需要被开发才能显现出来。"自我超越"有四点:

第一,超越心智

我们的心可以有多大?无量无边。所以,扩大我们的心,就是超越;我们的智慧有多少?即使你很聪明,但是天外有天、人外有人,还是有人比你更聪明,因此我们要自我超越,才能将智慧开发到极致。佛陀是一位觉者、一切智者,无所不知、无所不明,我们也应该学习明白人、明白理、明白事,才能成就大智慧。

第二,超越能力

常有人感叹自己的能力不足、学识不高,其实每个人都不应该贬低自己的能力,不应该画地自限,因为能力是可以训练的,一旦发挥潜力,能力将会提升,最重要的是在于你的用心有多少,勤劳有多大,产生的力量就有多大;你的恒心有多长,进步就会有多少。

第三，超越古今

有的人喜谈过去的丰功伟业，却忘失当下应作的努力；有的人喜谈现在的成就，而忘记历史是一面镜子，可以鉴古推今，文化、道德可以升华人格。其实过去的未必全是好，现在的也未必都对，要能超越古今，才能博古通今；要能超越古今，才能豁然贯通。

第四，超越时空

有的人上班8小时，只做8小时的事情，但是有的人，同样是工作8小时，却可以做20小时、30小时的事情，因为在同样的时间里，他懂得精简手续、提纲挈领；相同的道理，空间虽然不大，但是你的心大，就能超越空间的局限，好比阿弥陀佛的无量光、无量寿，是超越了时间、超越了空间的真理。

人生因为"无常"，没有定型，所以有无限的超越空间；人的潜力无穷，不应荒废，所以应当积极开展。人要能自我超越，才能创造美好的、积极的人生。

卷三　智慧之喻

智慧是人人本自具有的，
无论是从闻、思、修得来，
或从文字、从观照、从实相而得，
只要开发内心自性，则智慧无处不在。

圆融之难

我们称佛陀为"两足尊",是因为佛陀福慧兼修,以福慧圆融而成正觉。圆融很重要,却不容易做到。"圆融之难"有五点:

第一,学道不难于慧解,难于证悟

不管是世间或出世间学,书中的道理,只要认真都不难理解。例如数学上的三角函数、几何学、微积分虽难,练习久了,也会掌握其中的诀窍。佛经的微言大意,虽不易了解,只要勤听讲、背诵,久之,也多少能理解。可是,"知"道不难,"行"道难;慧解不难,证悟难。再好的道理,没有亲自实践、体证,也无法悟道,无法真正地受用。

第二,发心不难于勇锐,难于持久

佛门有句警语:"菩提心易发,恒常心难持。"一个人很容易为了一时的感动,而立大志、发大愿,如我要为社会、国家奉献、我要努力修行、我要用心办道。但是,这样猛锐的心,却往往难于持久,只有5分钟的热度。俗语说:"君子立恒志,小人恒立志。"要有所成就,不只要具备初发心的勇猛,更须保持恒常心。

第三,涉世不难于变化,难于慎重

许多人拥有八面玲珑的处世技巧,能顺应环境和人际的需求,优游自在地浮沉于人生洪流里。可是,在任何变化中能坚守不变的原则,能有外圆内方的智慧,能有耿介不阿的风骨,如此不变随缘、随缘不变的圆融,就非常不容易了。

第四,做事不难于敏达,难于深忍

我们做什么事情,要达到敏捷快速,具有视实际情况而通权达变的机智并不难;困难的是耐烦、耐怨、耐讥、耐辱。对于别人的辱我、骂我、欺我、谤我、笑我、轻我……拾得禅师说只要"忍他、由他、耐他、让他、不理他";我们会觉得处处难过,就是没有"忍他、由他、耐他、让他"的深忍功夫与智慧。

第五,研义不难于接受,难于精确

读书、作研究,要接受书中的道理,并不困难;困难的是如何精确理解。佛陀说法时,总不厌其烦地告诉弟子:"谛听!谛听!善思念之!"谛听,是第一层功夫,专心听讲,才能真正听到和接受。"善思念之"是第二层功夫,不仅要注意听,还要用心思考,唯有思考之后,才能真正理解,而不会误解、错解。

事与理能够兼具、兼顾,就是圆融。圆融之道有其甚深的智慧,希望大家在日常生活中都能惕厉敬谨,自我期许早日达到圆融的境界。

欠缺之圆

有些人希望自己能有完美、圆满、至善的人生，希望拥有最好的际遇，而不要有所欠缺。但是这个世间上没有真正完整无缺的东西，苏东坡说得好："人有悲欢离合，月有阴晴圆缺，此事古难全。"人生就因为有些缺憾，才懂得珍惜，懂得努力，而也在期待"更圆满"的过程中，希望无穷。

第一，物忌全有

一个人什么都有了，财产多得不可胜数，物质丰厚不可知数，学历达到最顶尖，甚至家庭美满，妻贤子孝，什么都俱全，有时也会茫茫然若有所失。因为"高处不胜寒"，不知接下来还有什么需要用心奋斗的。物不求全，反而有努力的空间及趣味。

第二，人忌全美

《庄子·德充符》描述一个相貌极为丑陋的哀骀它，男人与他相处之后，就会思念他，不想离开他，女人与他相处后，甚至想嫁给他。孔子说，这样的人是因为他的德性感动了人，让人接受，喜欢亲近他。一个人若求十全十美，又美貌，又有才干，又十项全能，文科理科全会，诗书艺术都懂，即使不自高自傲，也容易让旁人自惭形秽,而不敢与他亲近。

第三,事忌全盛

《易经》干卦九五的爻辞说"飞龙在天",意指地位极尊,处境极优之时,如同在天上一般得意。可是,若再上一层的"上九",爻辞就是"亢龙有悔"了,意思是地位到了顶峰,权势接近极巅,事务之盛到接近极强处时,就要当心由于"满"而遭到败亡之祸。因此,做什么事不一定要求最大、最盛、最好。

第四,心忌全满

"满招损,谦受益",虽是老生常谈,却是人间至理。一个人志得意满,易起高慢之心,别人的劝诫,任何教诲、训示都容纳不了,就像一只装满水的水壶,再也容不下一滴水。一个人心太满了,就只能故步自封,难有什么进步。一山还有一山高,强中自有强中手,还是谦虚一点好。

俗话说:天妒红颜、天妒英才。太求圆满了,连老天爷都要嫉妒呢;让老天爷嫉妒了,还能有什么好?一个人能欣赏残缺的美丽,享有残缺中的圆满,才能够体验人生的真滋味。

巧之妙

美人,巧笑倩兮,引人目光不移;百花,争奇斗艳,惹人称赞不绝;女红,精致小巧,令人爱不释手。佛陀说法度众,运用巧妙譬喻;禅师点拨学人,也要给你灵巧。人无论学习什么知识,学习什么技术,最重要的就是学习一些巧妙。巧妙之道有四点看法:

第一,巧匠成就事业

《孟子》:"公输子之巧,不以规矩,不能成方圆。"能工巧匠,能锻烂铁成精钢;慧心巧手,能化腐朽为神奇。鲁班以他的巧工,成为工匠祖师;嫘祖以她的巧手,成为蚕桑之神。美国人强思顿,为解决绑鞋带的不方便而发明拉链;日本索尼企业董事长盛田昭夫,为满足人们随时可以听音乐的欲望而发明"随身听"。生产现代科技、商品,也必须要有巧慧,制造的产品才能获得大众的选用与喜爱,所以,一个人要有慧心巧思,事业才能成功。

第二,巧妇成就家业

灵巧慧性的家庭主妇,蕙质兰心,她会把菜做得美味可口,把家布置得干净整洁,为丈夫打点得清清爽爽,帮孩子装扮得漂漂亮亮。她懂得如何与邻居往来联谊,知道怎样协助丈夫的事业。家中一幅画的摆设,一盆花的插放,都会显出她的灵思巧慧。因此,有巧慧的女主人,家业容易成就。

第三,巧心成就智慧

一个人有巧心,就会流露智慧巧语。圆瑛法师一句话"不用打了,我自己走",化解了尴尬场面;丹霞禅师因为一句"选官何如选佛"的提醒,成就了法身慧命。有巧心的人不会呆板滞碍,有巧心的人明理通达,在做人处世、应对进退之间,都能慈悲以对,成就智慧。

第四,巧慧成就人缘

有灵巧智慧的人,懂得为人留一点余地,知道为人多一分设想。所谓"小小的用心,积累无量的缘分;小小的资本,成就宏大的事业"。一个人心中有别人,就能竖穷三际,横遍十方;一个人眼里有世界,就会观照四方,面面俱到。所以,日常生活中懂得处处以巧心智慧体贴别人,就能广结人缘。

玄奘大师以方便善巧度化窥基大师,佛陀以吉祥草喻巧化众生苦恼;巧是贯通的慧解,是敏捷的反应,是活用的经验。"养成大拙方为巧,学到愚时才是贤",每一个人、每一件事情,甚至于每一句话、每一个念头,都要有巧妙。没有灵巧不能成功。

智慧之喻

人类有了智慧,才能分辨美丑、邪正、真伪;有了智慧,才懂得深思,拣择是非善恶,断除烦恼。菩萨行六度波罗密,也要以般若智慧为导航,行于布施、持戒、忍辱、精进、禅定,一切修行才能圆满。智慧之喻,有四点:

第一,智慧如金刚,利断烦恼

金刚石是世间最坚硬的宝石,不是一般物质可以破坏的,用它当武器,不但坚固,且锐利。因此佛教常以金刚的功用,比喻智能能摧破一切无明,断除一切烦恼,去除惑业障难,还能令众生惊觉,如文殊师利菩萨的慧剑,斩断情牵束缚,摆脱名枷利锁。

第二,智慧如日月,扑灭黑暗

夜以继日的赶路者,因为有月光的引导,带来许多方便;东方日升,黎明一至,赶走昏暝长夜,把众生从沉睡的迷梦中唤醒,开始活力充沛地干活。黑暗如同众生的苦恼、愚痴、无明,智慧之光好比日月,能照除一切暗昧不明,除去诸多疑惑,而掌握确定的方向。

第三,智慧如伞盖,庇荫众生

伞盖代表尊贵、权势、富足、胜利、自在,一般的伞能遮挡免除炙热、日晒、雨淋之苦。智慧的伞盖，不但能隔离尘嚣扰攘，远离垢秽污染，还能善观因缘，巧妙处理问题，抉择善法，扭转阻碍，摒弃恶法。拥有智慧的伞盖，不会被困境打倒，不仅保护自己，也能庇荫他人。

第四，智慧如虚空，含藏万物

智慧像虚空般广大，遍周法界，包罗万象，日、月、星宿、山、河、大地，恶人、善人、恶法、善法，全都含藏在虚空之中。智慧之心，静时一念不生，绝诸颠倒，如如不动，万物同体；动时诸根并用，万善圆彰，心所行处，无诸障难。

智慧是人人本自具有的，无论是从闻、思、修得来，或从文字、从观照、从实相而得，只要开发内心自性，则智慧无处不在。智慧如明灯，精进如灯芯，善行如灯油，功德如灯光，内在的智慧付诸实践，才能发挥生命的真谛。

智慧之用

每一个人都拥有如大海般的智慧宝藏,此智慧深邃广阔,有着不可思议的妙用。《大智度论》言:"内心智德厚,外善以法言,譬如妙金刚,中外力具足。"拥有智慧的人,能看清世间真相,长养善法,而得清净、富贵。究竟智慧有何妙用呢?有以下四点譬喻:

第一,智慧如地,长养众善

大地能够生长万物,智慧也是一样,能够长养众善。所谓"菩萨畏因",菩萨具有甚深智慧,能明白因果的本末,时时处处皆具自觉力,所以能长养善法,常游毕竟空。有智慧的人,也懂得修福积善,凡事能以积极、善美的角度面对和处理,自然能培植福德,长养众善。

第二,智慧如水,洗净垢秽

唐朝悟达国师过去世时,曾与晁错结下冤仇,此世当了国师,一念傲慢心生起,晁错得以化成他膝盖的人面疮,让他剧痛不堪。后来,因为智慧力及三昧法水的洗涤,终能化解,生命也因之升华。《文殊师利问经》有言:"诸过为垢,以智慧水,洗除心垢。"智慧就像山涧潺潺清水,能洗净身心的垢秽,让人沁凉自在,坦荡安乐,获得重生。

第三，智慧如风，吹散忧悲

智慧如风，能吹散忧悲苦恼。有智慧的人，明理冷静，不以情绪处事，不会随着外境而患得患失，起伏动心。面对种种批评毁谤、挫折困顿，都能视为磨炼身心的逆增上缘，而从中创造另一番光明的天地。

第四，智慧如船，能渡苦厄

有智慧的人，能洞察事相，对世间具备正确的认识和了解，不会为烦恼所缚所转。因此，佛陀在《佛遗教经》里劝勉佛弟子："实智慧者，则是渡老病死坚牢船也，亦是无明黑暗大明灯也，一切病者之良药也，伐烦恼树之利斧也。"有了智慧，明白宇宙因缘果报、苦空无常等真理，自然能遇苦不以为苦，而坦然自在了。

大鉴禅师云："身喻世界，人我喻山，烦恼喻矿，佛性喻金，智慧喻工匠，精进勇猛喻錾凿。"如果我们能像工匠一样，精进勇猛，持续地錾凿，终有一天可以体得智慧的妙用。

可与不可

人生存在这世间,有很多可与不可的事。像古人说的"歹路不可行""害人之心不可有,防人之心不可无",都是警惕人们行事要谨慎小心。"往者不可及,来者犹可待",说明过去已无法改变,后悔、懊恼都无济于事,只有把握现在的因缘,未来还是有希望。哪些可?哪些不可呢?有以下四点:

第一,做人可善不可恶

心有十法界的分别,存好心,恶人也会成为善人;心趋向恶,好人也会变成坏人,善恶之间全取决一心。所谓"善似青松恶似花,看看眼前不如它,有朝一日遭霜打,只见青松不见花"。为善,可能看不到立竿见影之效,但积累福报善缘,终成大善;为恶,可能满足一时快意,但自伤伤他,自尝恶果时,只有自己受苦,实在不可小觑。因此,做人可善不可恶。

第二,立志可大不可小

有一句话说:"心量有多大,成就就有多大。"立志小,心量当然有限;立志大,利益千万人,成就当然无限。你立下大志,有愿景、有目标,就能经得起时间、挫折的考验,烦恼、苦恼的试炼,忍耐得了千辛万苦。因此,无论做任何工作,甚至修行,能够立下大志愿,努力实践,成就会在前头等着你。

第三,说话可易不可难

有人说话喜欢绕圈子,让人听不懂他要说的重点;有人喜欢咬文嚼字,让人听得一头雾水;有人为了表现自己很有学问,反复论述,大家只有似懂非懂。其实,讲话最重要的是简单明了,深入浅出,让人听得懂,才能达到讲说的目的。

第四,做事可好不可坏

现代社会上,许多价值观被扭曲。例如有人为了出名,不惜以身试法;有人为了金钱,不顾骨肉亲情,这样的行为,一生还会有什么未来前途呢?做人除了存好心、说好话,还要做好事,我帮助你,你帮助他,效法观世音菩萨的精神,伸出双手,施予慈悲,救苦救难,让我们的周围、家庭、社会、国家,都能有善行的循环,那么当下就是一片净土了。

情意是"只可意会,不可言传";因缘是"机不可失,时不再来";有些人是"只可同患难,不可共安乐",但也有人是"三军可夺帅也,匹夫不可夺志也";世间无论做人处世,都有种种的可与不可,能否安全过关,就靠我们智慧的判断与选择了。

过失

常言道："人非圣贤，孰能无过。"这是古德勉励我们不怕犯过，只要能改过。过失，确实是难免有的，但重要的是，不能以此为借口，要知道自己的错误，知道改过。遗憾的是，很多人不断地犯过，可是他就是不肯承认、不肯改过。尤其，一个人若只看到别人的过失，看不到自己的错误，就永远不会进步。"过失"有哪几种？有以下四点：

第一，他人的过失，在我们眼前

我们的六根总喜欢攀缘外境，看到别人做得不对、说得不对、行为不好，这也不行，那也错误，把别人的过失看得清清楚楚。其实，终日寻看别人过失的人，他自己的苦恼必定愈来愈多，甚至无法负荷。只有对别人过失，以宽宏的心来包容，那么他的烦恼才会愈来愈少，心量才会愈来愈大，世界也才会愈来愈宽广。

第二，自己的过失，在我的背后

人对于自己犯的过经常看不到，为什么？因为一般人最大的弱点就是护短，他总是习惯宽恕自己、原谅自己。不敢面对自己的过失，那也罢了，更严重的是，覆藏自己的过失，把自己的过失藏在背后。一个看不到自己过失的人,人生想要有所突破、进展,人格要有所升华、超越,那是很难的了。

第三,语言的过失,在坏事伤人

人最容易犯的过失,就是这一张嘴。常常有人形容,某人是"乌鸦嘴",意思是说话像乌鸦叫,人家不喜欢听;或是某人言语尖酸刻薄,话里带刺、带刀,这些话说来伤人,甚至会"成事不足,败事有余"。

第四,心里的过失,在谋人害己

沥益大师说:"境缘无好丑,好丑起于心。"心,有了过失更可怕,有时候心里犯下贪、嗔、愚痴、邪见、妒嫉,人家不知道,其实自己心里最明白。甚至有时起了这样的心念,自己都没有察觉,在嗔怒他人的同时,已造恶伤害到自己。这就是谋人害己,实在得不偿失。

因此,无论是他人的、自己的、语言的、心里的过失,自己都要改。自己不改,小过失积累多了,就会成为大过失,届时,人家已不能容纳我们、不能原谅我们。

惠能大师曾说:"自己心中没有过失、罪恶,没有嫉贤妒能的心理,没有悭贪嗔忿的念头,没有劫掠杀害的意图,这就叫作戒香。"远离了以上这四种"过失",我们自身人格也会拥有戒香。

行走世间

近年以来,由于本地社会讲求道德的声音低落、价值观念的偏差,导致现今乱象丛生,上下、同侪、群我等伦理人际关系失序。生存在这纷乱无序的世间,应该本着什么样的心念做人处世呢?有以下四点:

第一,对世间不望益我

现代社会大多以利为导向,养成利益熏心、贪求欲望的习气,许多人念念只想父母、朋友、别人能给我什么,而不想自己能给人家什么?一味只想别人给我,就是表示自身的贫穷。《宝王三昧论》说:"见利不求争分,利争分则痴心妄动",假如对世间不望益我,对得失不希不求,你就不会患得患失,随着世间纷扰起舞。

第二,对他人不妒人有

佛陀曾开示:"不嫉妒他人,即能拥有大威德。"对于他人获益,存着"不妒人有"的心,为他祝福、为他欢喜,甚至为他助成,自然会增长福德因缘。反之,凡事只会比较、计较、嫉妒,身心不但备受煎熬,也容易引起人事的不和。因此,懂得随喜功德,以欣赏、赞叹的角度,看待他人的荣耀与成就,必能从中扩大自己的涵养与气度。

第三,对事业不怕艰苦

想成功立业、出人头地,就要不怕艰难困苦。古人成就功名,没有不经过一番寒窗苦读;要一技在身,也需要多年拜师学艺、苦练功夫。反观今日,许多人经不起一点挫折、打骂、批评,只会一事无成。要想成就大事,就要有"佛道无上誓愿成""众生度尽,方证菩提"的大勇气与大愿力,对学业、事业,不畏艰苦、不求速成,不把难字挂嘴边,那么,再艰难困苦的事也能成功。

第四,对办事不诿过失

无论我们智慧多高、能力多强,做事总免不了有过失的时候,如何能"不诿过失"呢?子贡以为:"君子之过也,如日月之蚀焉。过也,人皆见之,更也,人皆仰之。"一旦有了错误,要能自我承担,懂得改进,切勿推脱、讲理,如此不但为人诟病,自己更无法进步。所谓"静坐常思己过",日常生活、做事,时时刻刻反省、忏悔,才能显现无遗,为人敬佩。

行走世间,不论对人、对事,能不望益我、不妒人有、不怕艰苦、不诿过失,还怕不能成就完美的人生吗?

经验

一个人在世间慢慢成长,经验会带给我们智慧,经验会带给我们成功。而"经验"的积累,无不是所谓"上一次当,学一次乖",不知吃了多少亏、受了多少苦,才能学到,所以人生历练上,最可贵的是经验。有了经验,不但学术、知识、技术丰富了,做起事来,也会老成持重,避免走许多冤枉路,这些都是很宝贵的。提供以下四点参考:

第一,不经一事,不增一智

所谓"事非经过不知难",一个人没有经过事情的磨炼,就不知道事情的经过、因缘、是非、好坏,不知一件事情的成就,是必须遇到多少的艰难、困顿。不经过一件事情,就不会增长智慧,对人、对事的认识也会不够。因此,年轻人凡事应该多参与、多学习、多体验,不怕失败,不怕重来,慢慢地会带来自己的成功。

第二,不习一艺,不长一技

常言道:"万贯家财,不及一技随身。"一个人要想成功立业,一定要学习多种技艺。像现代人具备驾驶、打字、计算机等能力,都还只算是基本的技能。除此,你要学有专长,好比护理、医疗、会计、烹饪、行政、教师……习得一艺,就能长于一技。在一技上专精了、经验多了,还怕在世间没有人用你吗？

第三,不花一钱,不知难易

一个人的成长过程,可以说都是用金钱堆叠起来的。你看,从小上学、补习、生活零用,长大后买车、买房子……乃至生活中所谓的"开门七件事",哪一样不用花钱？大部分的人都知道赚钱不容易,但假如你不懂得金钱的规划、用度,是不会知道金钱来路的困难。你随便花钱,"有"的时候感到不为难,等到"无"的时候就很辛苦了。乃至有时候,还得要花钱才能买到经验,获得聪明,你才会知道,金钱的来源实在大不易。

第四,不多一岁,不知世事

一个人对世间的事物,都是随着年岁的增长,慢慢才有了体验、有了了解。你不增加一岁,对世间的事情、人心的曲折、人情的冷暖,就不会知道得那么多,也不会有深刻的体会。年岁增长了,见闻阅历多了,智慧也随之增长,人生会丰富,视野会开阔。

人生要成长,需要不断尝试,多做、多说、多看、多用心想,这就是经验的积累。平常多经一些事情,多学一些技艺,甚至从花钱里获得经验,在年岁的增长里学习世事,以上这四点,是增长经验的好方法。

小事勿轻

有的人认为说错一句话、做错一点事，没什么大不了，其实，"小"不可轻视，千里道路要靠小石铺成；万仞山峰要从小路攀登；美丽织锦要用小针绣出；幸福人生也要小心走过。因此，"小事勿轻"有四点说明：

第一，小小金刚坏须弥

《佛所行赞》曰："金刚利智慧，坏烦恼苦山，众苦集其身，金刚志能安。"金刚虽小，但是质地坚硬锋利，能摧毁一切物。因此，佛教里有一部《金刚经》，即是以"金刚"比喻佛法的尊贵、智慧的崇高，能降伏诸大烦恼，破除一切邪说。

第二，小小星火能燎原

《汉书》说："爝火虽微，卒能燎原。"哪怕是一点点的星火，都要谨慎小心；不将它熄灭，遇缘成了大火，将会祸害无穷。像大陆有名的黄山，曾经二度因为游客的乱丢烟蒂，引发森林大火；而社会上许多大火的起因，也是由于星星小火的处理不当所造成。因此，火苗虽小，不能不注意。

第三,小小细菌会伤身

《毘尼日用》曰:"佛观一钵水,八万四千虫。"细菌虽小,肉眼无法看得见,但是不良的细菌若在身体里不断滋生,却会造成人体百病丛生。好比小小的感冒,可能导致肺炎;小小的伤口,可能让人丧命。甚至小小的细菌,可能酿成瘟疫,造成无数人的伤亡,引起社会的恐慌。所以,细菌虽小,但是会伤身害命,不能小看。

第四,小小忏悔破大恶

贪嗔愚痴、邪见我慢,虽起于小小的一念,却足以毒害心灵。别小看在佛菩萨前的一合掌、一问讯,这一念的清净心能灭除无明罪业。忏悔不只是身体的礼拜,而是内心的自省;忏悔不只是一时的告白,而是一生的除垢。忏悔就像清水一样,可以洗净我们的三业罪障;忏悔就像衣服一样,可以庄严我们的身心功德。因此,一念忏悔,能使我们热恼的心安定清凉。

一般人认为"大"是"力"的象征,而"小"是"弱"的代表。其实小也有小的力量。《法句经》曰:"水滴虽微,渐盈大器,凡罪充满,从小积成。"

刚柔进退

中国有许多很好的处世格言,如"处难处之事愈宜宽,处难处之人愈宜厚,处至急之事愈宜缓"。为人处世,在急处知缓,窄处知宽,颠处须平,平处宜和,就是涵养。能进则进,能退则退,进退一如;能刚则刚,能柔则柔,刚柔并济,就是智慧。在此提出四点"刚柔进退"的处世智慧:

第一,能刚能柔,可以忍辱负重

金刚钻是硬度最高、对光线的折射率最好的钻石。我们常诵持的《金刚经》,就是以金刚钻的无坚不摧,来比喻此经无邪不破。由石墨做成的铅笔芯虽又细又脆,稍微用力就断,但是它的色泽,却是用任何化学方法也无法漂白的。神奇的是,金刚钻和石墨同样是由化学元素"碳"所组合的。人也应该如此,要有刚强如钻石的禀性,能承担艰巨的任务;有柔软如石墨的心地,来忍辱负重。最重要的是具备刚中有柔、柔中有刚、刚柔并济的智慧。

第二,能信能顺,可以履险如夷

相传周文王被囚在羑里时,其子前来搭救,反被殷纣王所杀,煮成肉羹,送给文王吃。文王心中清楚,但仍忍泪食肉,以避杀身之祸。当我们处在恶劣、险酷的环境时,不要坚持己见,硬是不低头,否则,恐怕不仅无法成事,还会白白牺牲。明智的做法是,内心保持高度的警觉,外表则恭敬柔顺;如此,以智慧解决问题,才能履险如夷,渡过难关。

第三,能智能愚,可以进退自如

大部分的事情,可以用智慧解决,但有时候则要装疯卖傻才能成事。郑板桥说"难得糊涂",人要聪明过人并不易,要聪明人装糊涂就更难。若愚才是大智,如果只是精明能干,半点也不肯吃亏,无形中可能会吃更大的亏。俗说"水至清则无鱼",溪流虽清,也要容纳一些浮游生物、长养一些水生植物,提供鱼虾生长的环境,才能吸引鱼虾生活其中。不仗恃聪明,就有进退自如的气度。

第四,能大能小,可以随遇而安

一个人只知处高位,争大权,享尽好处,别人也会不服气。若一个人太过谦卑,一味退让,妄自菲薄,或者自暴自弃,把自己看得太渺小,别人也不会重视你。太过自尊与自谦都不好,中庸之道是能大的时候就大,该小的时候就小。自尊自重之时,要记得谦卑;在谦卑忍让之余,更不失庄重。

待人处世,要懂得应用刚柔并济的学问。处顺境时,可以作风明快,但态度要平易谦冲,留人转圜余地;处逆境时,宜低调行事,谨慎恭让,留自己退步空间。

若能明了刚柔进退的道理,可以说已掌握成功的诀窍了。

斗智不斗气

人有一个潜存的劣根性——好斗,所以有国家与国家之间的战争,民族与民族之间的战争,甚至团体与团体、家庭与家庭、个人与个人之间,也充斥着明争暗斗。相斗不免耗去许多精神、元气,纵使不至于两败俱伤,也妨碍个人的成就与社会的进步。其实"斗"也不见得都不好,但要效法慧者的斗智与贤者的斗志,而不能粗鄙愚昧地斗力与斗气:

第一,粗人与人斗力

粗人迷信以拳头定输赢,动不动就跟人家比力气,打架滋事,打得头破血流,却也未能解决问题。

粗暴者不限于市井小民,有时看到某些地方政界的衮衮诸公,竟也以拳头议事,失于风度,成为粗人,不免贻笑大方。

第二,愚人与人斗气

在佛法里面讲依法不依人,事归事人归人,不能因一时的意气,妨碍了做事。但是,愚痴的人却常因小愤而与人赌气,采取不理人、不合作、不跟人共事的方式,往往因此延误公事,得不偿失,实在愚不可及。

第三,慧者与人斗智

有智慧的人斗智慧,斗谋略。如诸葛孔明的"草船借箭""空城计"等,在凶险万分的情况下,唯有靠智慧才有胜算。在求新求变的现代社会,更随时需要斗智,不仅是科技产品求日新月异,就是路边小吃,想要招揽生意,也要研发新的产品,才能吸引顾客。作家也要有新的见解,才能吸引读者。设计人员也要有新的策略,才能赢得企划案。这些都是斗智取胜,如果只靠力气和怒气,只会陷自己于劣势。

第四,贤者与人斗志

圣贤之人不斗力、不斗气亦不斗智,他们所追求的是志气。不管是《孟子·滕文公》说的"舜何人也?禹何人也?有为者亦若是"的志气,还是省庵大师说的"现前一心与释迦如来无二无别"的省思,都是斗志。不争一时,争千秋万世,将自己的心志提高到与贤圣齐,以贤圣做榜样,期许自己的道德修养亦达到最高的境界。

如果真的要"斗",不要跟别人斗,最好是与自己的劣根性斗,能赢过自己的懈怠、懒惰、贪、嗔、痴、妄等坏习性,才是真正会"斗"之人。

服从（一）

服从是很重要却渐渐被人遗忘的美德。"服从"是秩序、是伦理。在军中，部下要服从长官，才有秩序可言；在职场，下属要服从上司，才合乎职业伦理；在家庭，儿女要服从父母，弟妹要服从兄长，才能拥有父慈子孝、兄友弟恭的和乐家庭。现代人不讲服从，常常犯上，令人遗憾。其实，不是职小位卑的人才讲"服从"，服从的层次各有不同，略说四点如下：

第一，小人因畏惧而服从

心术不正的小人，他服从别人，有时候不是心悦诚服，而是由于畏惧而服从。畏惧什么？有时是求名位未得之际，因为畏惧不能得到名位；有时是已得利益之际，畏惧丧失既得利益，而不得不服从。他的考虑点放在现实利益上，而不在真理。因此，他表面服从，心里却另有打算。

第二，好人因爱护而服从

一个讲究感恩、讲究道德的人，他有时会出于感恩的心，真心诚意地服从所属的团体或爱护他的人，无条件奉献自己的忠诚、智慧与能力。这样的人，你越爱护他，他就越服从你、尊重你。

第三,圣人因慈悲而服从

何以说圣贤者服从慈悲?《杂譬喻经》里说:"积大誓愿,慈悲众生,求头与头,求眼与眼,一切所求尽能周给。"许多菩萨为了圆成佛道,不惜身命,度生救生,就是服从于慈悲。在慈悲心的驱使下,圣贤会从善如流,愿意乐助,愿意共享,因此说圣人服从于慈悲。

第四,智人因真理而服从

一个人如果说他"天不怕,地不怕,什么都不怕",那是很可怕的,因为在他心里,没有约束的力量,没有真理可言,可以为所欲为,这样的人太可怕了。其实,有智慧的人,他可以不服从金钱、爱情、力量,但一定会服从真理。一个人能服从真理,心中自有准则,行事必有规范,他必有可为,必有成就。

最好的服从是服从真理、服从慈悲;若是出于感恩心而服从,这也还不错。如果因为畏惧而服从,最好是畏惧因果,而不是畏惧名利。但是千万不要"我只服自己,其他都不服",就那太危险了。

服从（二）

"服从"是军人的天职，所谓"有理是训练，无理是磨炼"，无理之前都能接受，有理之前怎么会不服从呢？其实"服从"是一种社会秩序的建立，是一种伦理道德的展现，现在的人不讲究服从，经常悖逆犯上，犯上就失去了伦理，就没有道德。所以，要建构一个有伦理、有秩序的社会，人人都应该养成服从的性格。服从依对象不同，约可分为四种层次：

第一，小人因畏惧而服从

部下要服从长官，儿女要服从父母，这是一般人的认知。但是如果对一个自我意识高涨的人，凡事有他自己的主见，有他自己的看法，长官即使以道理、以职权都不能令他心悦诚服，甚至表面上唯唯诺诺，背地里阳奉阴违，扯人后腿，这时候只好针对他个人的权益，让他在利害得失之前知所畏惧。这种内心不服气，因畏惧而勉强服从的人，只能归类为小人之流。

第二，好人因爱护而服从

人与人之间，所谓"见面三分情"，有的人只要你对他好，平时爱护他、提拔他，他就会因为感谢你的知遇之恩而服从你、尊重你，甚至为你卖命。这种懂得感恩、讲究道德的人，不失为好人一个。

第三，圣人因慈悲而服从

有的人做人正直，不慕荣利，甘于淡泊，平时并无所求，但他喜欢公益，乐善好施，举凡慈悲之行，他都随喜功德，愿意乐助，与人共享所成。这种因慈悲而服从的人，可谓已达圣人之境，因为圣人对于慈悲，必然从善如流，必定服从到底。

第四，智人因真理而服从

有一种人，他不一定在金钱、爱情、权力之前低头，但是在真理的前面，他是绝对的服膺。所谓"惧法朝朝乐，欺公日日忧"，一个人如果懂得服从真理，信仰真理，这个人必定心胸坦荡，必然大有可为，这就是有智慧的人。

服从虽有各种层次的不同，但一个人如果因畏惧心而服从，还是可以救药；如果因受人爱护，为了感恩而服从，这个也堪造就；如果因为社会的慈善、慈悲而服从，程度更高。最重要的，人要懂得服膺真理，在真理之前懂得低头的人，必是智者。

忙的妙用

忙,是现代人的生活写照。忙着上班工作,忙着持家理财,忙着读书考试,忙着约会应酬,忙着上网聊天,忙着赶时间,忙着看股市,忙着买彩票,甚至有人忙着逛街,忙着串门子……不管忙什么,只要忙得有乐趣,忙得有意义,忙得有价值,忙中自有无限的妙用。

忙有什么妙用呢?有四点意见:

第一,忙要忙得有法喜

生活中,不是忙就是闲,有的人以忙为乐,因为从忙碌工作中可以获得学习、成长的机会。忙,可以充实生活,可以让身心有所寄托,而且从工作中可以获得成就感,可以自我肯定,可以培养信心。更重要的是"忙人无妄想";没有妄想,自然身心清安,自然感觉快乐无比。所以,以忙为乐,则不苦;以忙为乐,则不懒散;以忙为乐,自然忙得心甘情愿。

第二,忙要忙得有意义

忙就是营养。忙,才能促进心灵的健康;忙,才能培养自己的因缘;忙,才能发挥生命的力量;忙,才能提升人生的价值。但是有的人忙于吃喝玩乐,忙着花天酒地,这样的忙不但破财而且伤害身体,这样的忙没有意义、没有价值。忙,要有益于身体健康;忙,要有益于增品进德;忙,要有益于开发智慧;忙,要有益于培养人缘。这样的忙才有意义。

第三,忙要忙得有效率

"有分工,则不忙;有计划,则不乱"。做事最怕的是一把抓,不懂分工,自然无法合作,工作效率自然低落。也有的人做事没条理,不懂得计划,整天像无头苍蝇一样,盲目地乱忙一通。其实,做事要讲究效率,除了分工、计划以外,更要懂得化繁就简,还要会"以设备代替人力"。更重要的是,要追踪成效,一个小时要有一个小时的成果,一天要有一天的成绩,一周、一个月都要有一周、一个月的成效。能够事前安排计划,事后追踪成果,自然能提高工作效率,自然忙得有效率。

第四,忙要忙得有价值

忙,是接近价值的要途。但是有的人每天忙忙碌碌,只为了钻营一己的功名富贵,有的人则是为了一家三餐温饱而忙,也有人为了社会的富乐而奔走,更有人为了促进世界的和平而周旋。忙,不但要对自己、对家庭有助益,更要对国家、社会,尤其能对举世人类有贡献,这样的忙碌价值更大。所以做人要为自己忙,为家庭忙,为国家社会忙,更要为普世大众而忙。

人,越多做,越能做;越会忙,越能忙。忙,像一把锋利的慧剑,能断妄想的葛藤;忙,是点石成金的手指,能化腐朽为神奇;忙,是营养调身的补品。

如何拣择

俗话说:"良禽择木而栖,忠臣择主而事",选择就是分别。虽然佛教提倡无分别、无分别智,但是我们学道的人,在智慧尚未显发、真理尚未体悟时,仍应学习从分别处选择真的、善的、美的,然后才慢慢做到不选择、不分别。我们要学习选择四点:

第一,书必拣择而读,则开卷有益

虽然古人说"开卷有益",但是读书仍要有所选择,有益的书才读,无益的书读了没有意义,也得不到知识与启发。现在这个社会有很多不好的书,让人开卷不但无益,而且有害。像前阵子一本《完全自杀手册》,带起了自杀风潮,使得很多家庭破散,社会也为此付出极大代价,所以书必须拣择而读,才能开卷有益。

第二,人必拣择而交,则近贤希圣

每一个人都需要朋友,但是我们交朋友也须经过选择。古人说:"友为五伦之一,慎于择友,惧其损也",好的朋友可以患难同当,不时给我们忠言,不当的朋友是酒肉朋友,只想利用我们,甚至出卖、背叛我们。孔子说:"益者三友,友直、友谅、友多闻。"我们所交的朋友,应该是有知识、有道德、有人格、有慈悲心;选择这样的朋友,才能不受伤害且"近芝兰,则气味日馨"呢。

第三,言必拣择而听,则是非明白

所谓"尽信书不如无书",听话也是如此,对于别人说的话,不能每一句都当真的,必须有所拣择、能分别判断,对人生大众有用的,对国家、民族、社会关怀的、正确的,我们才听。不当听者不听、中伤毁谤者不听、是非烦恼不听、色情八卦不听、谗言谄媚不听。总之,需分辨是非,才能明白说者的居心用意。

第四,地必拣择而到,则行无危险

虽然大丈夫志在四方,但是不论想到什么地方去,还是必须先选择。危险暴乱的地方不能去,声色场所不要去,有些借宗教之名而行邪道、魔道之处,更不能去,因为去了不但种下邪知邪见的种子,还会破财失身,毁了一生。

佛教修行次第"七觉支"当中的"择法觉支",即是告诉我们用智慧观察诸法,才能善别真伪,而不取虚伪之法。所以一个人,无论读书、交朋友、说话、到什么地方去,都必须审慎拣择,都要清明分别,才不会在游移漂流的生命长河中,空费草鞋钱。

取与舍

孔子说:"君子有三戒:少之时,血气未定,戒之在色;及之壮也,血气方刚,戒之在斗;及之老也,血气既衰,戒之在得。"这是孔子对不同年龄层的人所提出的养生规劝。人生各阶段,在养生上有不同的标准,在进德修业上,也应有不同的取舍标准。在此提出人生四个层次的取舍:

第一,少年时取其学,舍其不当有

少年的心智,就像白纸、像干净的海绵,沾染上什么颜色,就是什么颜色;接触到什么养分,就吸收什么养分,是一生当中最好的学习阶段。所以要好好地用心读书,不要刻意想拥有其他东西。只要在少年时期,好好将学问的根基扎稳,不怕将来没有成就。

第二,青年时取其志,舍其不当事

青年时期,心志已渐成熟,体力、能力也日渐充盈,此时最重要的是"志气"。如果一个青年,没有志气,充沛的体力和渐增的能力,只是消耗在吃喝玩乐上,那就太可惜了。因此,青年人立志很重要,能胸怀大志,按部就班,向目标奋发前进,必定会有非凡的成就。

第三，壮年时取其行，舍其不当乐

人到壮年，一般说来，都已有自己的事业或稳定的职业，也有一些积蓄，儿女已成人，养儿育女的责任渐渐告一段落。在有钱、有地位时，较容易为了满足感官享受而纵情玩乐，甚至因为流连忘返而松懈对事业的冲刺、对家庭的照顾。因此，壮年之期，要取其行，舍其不当之乐。

第四，老年时取其实，舍其不当执

农耕有"春耕夏耘、秋收冬藏"的秩序，人的一生也是如此，老年人应是"藏"的阶段，这藏，不是藏积蓄、藏物质，而是要如佛教说的"龟藏六"，藏起眼耳鼻舌身意等六根，舍掉对外境的追逐与攀缘，好好把握智慧、心智最成熟的时期，努力提升自己的心灵境界。

在人生的每个阶段，都应有自己的取舍标准，《大乘本生心地观经》云："智力能分黑白法，随应取舍各了知。"希望大家都能有"取其所当取，舍其所当舍"的智慧。

为所当为

我们在世界上为人处世,有时候应该有所作为,有时候则"不应"有所作为。什么时候当为?什么时候不当为?有时要衡量时节因缘,有时则要坚守自己的原则与立场。什么是为所当为?有四点意见如下:

第一,知足常乐,不慕荣利

明朝憨山大师,24岁开始参学四方,随身仅有一个瓦钵,他前往风雪寒冻的北方,借以磨炼身心意志。他说:"只此一钵,可抵万钟厚禄矣!"他把当朝皇太后恩赐的财物,用来施贫赈灾,一生颠沛流离,却一本淡泊守道的精神。知足常乐的生活,不慕荣利的高尚情操,使他成为明朝四大高僧。

第二,包容忍耐,不逞意气

做人,若是为了一句话就跟人吵架,为了一点小事就跟人计较,实在划不来。

《菜根谭》云:"觉人之诈,不形于言;受人之侮,不动于色,此中有无穷意味,亦有无穷受用。"因为唯有包容忍耐,不逞一时之意气,才能避免不必要的灾祸,同时借此修心养性。

第三,乐观其成,不扯后腿

有些人像公鸡性格,凡事喜欢跟人斗,尤其看到别人有好处了,见到他人成功立业,高高在上了,就产生嫉妒的心理。甚至不耐他荣,见不得别人好,扯人家的后腿,拆人家的台柱。

其实,何必如此?把心量扩大一点,换个角度来想,别人的成功,不也可以让我沾光吗?再说,别人在成功的过程中,我未能及时帮助就已经感到抱憾了,怎可再来扯后腿,破坏好事呢?因此万万不可做这种蠢事。

第四,见义勇为,不屈恶势

常有人感叹世风日下,人心不古。势利当前,锦上添花者有之,雪中送炭者几人?但是,综观历史,还是有许多见义勇为之士。例如唐朝安禄山叛变,情势危急,荆州开元寺神会和尚,号召佛教界以发度牒筹募军饷,解决朝廷国事问题;抗日战争时期,国民政府西迁,栖霞山寂然和尚,成立难民收容所,掩护我军将领。这都是见义勇为、不屈恶势的大勇猛之人。

在现实势利的社会,不可以跟恶势力同流合污。人生有所为,有所不为。

适可而止

佛教讲"法不孤起,仗境方生"。因为"缘起",因此人生有无限的机会、无限的力量、无限的潜能、无限的意义。可以说,人生就是一个"无限"。但是,我们也不能因为无限,就毫无顾忌、肆意妄为。有的时候,更应该有个"适可而止"的人生。什么叫做"适可而止"?

第一,势力不可以使尽

比方我们的拳头,拳头打出去,就没有力量了;眼泪流出来,势力就使尽了。眼泪轻易洒落,拳头随意挥出,固然有个发泄的出口,一旦内心激励的力量减除了,就不容易积蓄能量。因此,储存的拳头,才有劲头;衔泪的忍耐,才会奋起。

第二,福德不可以享尽

我们在这个世间上,所谓荣华富贵、祸福穷通,都有一定的福德因缘。顺利如意,必定是得自过去的好因好缘,要延续好因好果,福德因缘就不可以享尽。有云:"福德享尽,则缘必孤。"等于银行的存款,统统提出来,就没有了;也等于行路的粮草,全部吃完了,如何远征呢?

第三,规矩不可以行尽

有规矩,制度方行;有规矩,典范才立;但也不能天天讲规矩、呼口号。所谓"规矩行尽,礼貌必衰"。强行规矩,反而失去人性里自动自发、自律自觉的可贵精神。"规矩"是为了防犯不法而设,在有规矩的人前面,根本就没有规矩;在守法的人前面,法律也不一定派上用场;因此,在团体里,应以"立法要严,执法要宽"作为行事的准则。

第四,好话不可以说尽

好话给人鼓励,爱语给人信心。所谓"过头的饭可以吃,过头的话不能说"。你天天说好话、日日讲爱语,好话就不再是真话,爱语就不再是真语;你都没有好话了、都说完了,那么,"好话说尽,则人必弃"。所以,好话也留一点,不要把它说尽。

强开的花逆美,早熟的果难甜,天地的节气岁令,总有个时序轮换。悬崖要勒马,尸祝不代庖,举凡我们的行事,也要有个分寸拿捏。《宝王三昧论》也说:"于人不求顺适,人顺适则心必自矜。见利不求沾分,利沾分则痴心亦动。""适可而止"的人生,实在可以作为座右铭。

防患的重要

古谚说"未雨绸缪",俗谚说"晴天要积雨来粮",都是劝人要有忧患意识。孟子说:"生于忧患而死于安乐。"太过安逸,沉湎安乐,只会招致灭亡。现实生活要有忧患意识,心理建设更应防患于未然。提供四点意见:

第一,防恶心于未萌

每个人的心都本具善法和恶法,因此,天堂、地狱不在别处,就在自己的心里,随着善恶心念,流转于天堂与地狱间。凡人都误以小善为无益而不为,以小恶为无损而不改。其实,我们对于善念、恶念,应该抱持"已生善,令增长;未生善,令生起。已生恶,令永断;未生恶,令不生"的谨慎,才能使善心不断增长,使人格臻至完善。

第二,防法度于未乱

国有国法,家有家规,法律、家规是维持社会与家庭秩序的准则。自我也应有自我的尺度,行事才有规则,脚步才不会混乱。如果人人都能遵守法度,就不须有"严刑峻法"的主张。毕竟,待世乱才用重典,国家社会已付出许多的成本代价,人民也多受痛苦了。

因此,最好的法律,还是防于未乱。

第三,防灾祸于未来

如是因,如是果,种下苹果的种子,绝不会长出柑橘。因此佛经说:"菩萨畏因,众生畏果。"菩萨深谋远虑,凡事防患于未然,必在因地小心谨慎;凡夫见浅识短,因此每在果报临头,懊悔莫及。因地里,不在杀盗淫妄、贪嗔愚痴中打转,就不会有短命丑陋、贫贱愚痴的果报。

第四,防小人于未彰

凡人的品性良莠不齐,我们的周围有君子,也不免掺杂一些小人。不管是君子还是小人,都不会在脸上写明,因此,对别人推心置腹之前,最好仔细观察。

其实,所谓"害人之心不可有,防人之心不可无",也不是叫我们对别人都存戒心,只是,如果我们警觉性高,自然就不易受骗。

《佛说孛经抄》说有八快乐的事,"忿能自禁、虑能防患、道法相亲、友不相欺",即是其中之四。愿大家都能在祸患未发生前,就加以防备,如此,就能得到其他四项快乐:"与贤从事、得谘圣人、性体仁和、事业日新。"

所为皆可

孔子将"非礼勿视,非礼勿听,非礼勿言,非礼勿动"作为实践"仁"的要目。日常生活中的视、听、言、动,就是修心养性的用功处,该为不该为、应听不应听、应说不应说,甚至对于"拥有"的取舍,都应有所考虑。在此提供四项准则:

第一,所为者,皆为可能者

正当的,对别人有利益的,可以皆大欢喜的,或对人无害的事情,才可以做。《十善业道经》说:"深信因果,宁殒身命,终不作恶。"孔子也说:"不义而富且贵,于我如浮云。"如果你将做的,虽然可以带来可观的财富,得到高官厚禄,却是不义之事,还是不可以做。莫为了眼前的利益,换来一辈子的不安。

第二,所欲者,皆为可善者

凡是人,都会有欲望。希望自己能够有社会地位,能够事业成就,能够学问渊博,就会督促自己努力,以达到世间的成就。希圣希贤,希望成佛,就会精进修行,而成就出世间功德。佛陀也"不舍诸善法欲",而于"善法中发勤精进,营助修习"。因此,可以有欲望,但必须是善法欲。

第三,所听者,皆为可闻者

有个哲人向传消息的人说:"你要告诉我的话,要用'真实''善意'和'重要'这三个筛子先筛过。如果你要告诉我的事,既不真实也非善意,更不是重要的,就别说了吧!"我们也要有哲人的智慧,选择真实的、善意的及重要的话来听,选择可以增进智慧、经验、哲思的话来听,要拒绝邪说及没有建设性的是非、谣言。

第四,所见者,皆为可观者

有些人居心不良,利用精密的摄影仪器,偷窥、拍照,侵犯他人的隐私;有些人爱看不正当的书报、杂志,流连不正当的声色场所,都是既浪费时间又污染心灵的。要谨记"非礼勿视"的教诫,不要让好奇心强过理智,否则,不仅有损道德,也会误蹈法网。

所谓"君子坦荡荡,小人长戚戚"。如果思想行为,能如朗月入怀,光明澈见;视、听、言、动皆能戒惧谨慎,所为、所欲、所听、所见者,皆无不可告人之处,就可以入君子之列了。

"小"不可轻

在《阿含经》里,佛陀告诉波斯匿王:"小不可轻",因为小王子长大,可以做国王统领国家;小沙弥长大,可以做法王;小龙长大,会兴云致雨;小小的星星之火,可以燎原成灾。还有,小小的种子埋在土里,也会长成大树开花结果;现在的孩童,将来可以做国家的栋梁等等。除此,更有四"小"不可轻:

第一,不弃小善

古人说:"勿以善小而不为,勿以恶小而为之。"我们不要因小善而不为,要知道滴水可以穿石,集合很多的小善,就可以广结善缘;小觉小悟,久而久之,自能大彻大悟。社会上很多的慈善救济、文化教育,就是靠这些小小善款的点滴聚集而成,造福了很多需要的人,也使历史纲常得以传承延续。

第二,不造小恶

《地藏经》云:"莫轻小恶,以为无罪,死后有报,纤毫受之。"我们常常以为随便骂人一句话,或做一些对不起人的小事,只是小小的恶作剧,无伤大雅。但是一粒种子种下去,它不断繁殖,就会有无限的果实。《法句经》说:"水滴虽微,渐盈大器,凡罪充满,从小积成。"小小的细胞病变,都会造成生命损失,因此勿以个人的小恶,造成自己、社会国家,乃至全世界的损失与遗憾。

第三,不怀小怨

有些人因为心里小小的欲望希求不能满足,就产生怨恨。这种小小的怨恨积累愈大,时间久了,慢慢会引发出行为,而做出种种伤害他人的事,最后不可收拾。如《佛光菜根谭》说:"兄弟互相怨恨,受害的是父母;夫妻相互怨恨,受害的是家庭;人人互相怨恨,受害的是自己。"只有心怀慈悲忍耐、感恩回馈,才能熄灭怨恨所带来的痛苦。

第四,不计小我

人世间之所以有这许多爱恨情仇,都是缘自对"我"的爱染。全人类是一个大我,国家、社会是一个大我,如果我们只顾自己的小我,罔顾人类、国家、社会的大我,往往得不到真正的利益,因为大我不健全,小我也无法苟安。因此,我们不能只为自己而活,不要处处只为自己着想,要常常想到别人、大众,把小我扩大跟大我结合在一起,这个"小"就更大、更宽广了。

《韩非子》云:"千丈之堤,以蝼蚁之穴溃。"古德亦云:"微者巨之端,大因小而生,巨由微而成。"这些都是告诉我们,应当谨小慎微。

回馈

得到人家的好处、利益,一定要有所回馈。战国时代,诸侯食客三千,有能力者,为主人策划计谋,再不济者,也知为主人奔走效力。中国人常说:"滴水之恩,当涌泉相报。"俗谚也说:"吃人半斤,还人八两。"收到别人的好处,怎可以不知感谢、不知报答?那么,要如何回馈他人:

第一,乘人车者载人所需

一般人拥有车子,都是着眼于方便,方便上下班、洽谈公务、办事载运。人家将车子给我坐,给我方便,我就应该帮助他完成他所需,例如途中下车帮他缴个费用、帮他买个东西、帮他接送小孩等等,以资回馈。就是乘坐公共汽车,也需买票,乘人的车子,怎能不思有所回馈?

第二,穿人衣者怀人忧虑

衣服是用来保护、保暖的,人家送给我们衣服,让我无寒冻之虞,让我无衣不蔽体之虑,这衣服一穿上,就怀带了对方的善意、对方的心意。因此,如果可能,要分担他的忧虑、他的挂念,他若遇到难题,也要设法帮他解决。

第三，吃人食者助人成事

俗语说："天下没有白吃的午餐"，别人辛苦赚钱，我凭什么白吃别人的饭食？既然吃了别人的饭，就应助其成事。冯谖到孟尝君处当食客，抱怨食无鱼、居无车、无以为家，孟尝君一一满足他的需求。最后，冯谖为孟尝君营造可以高枕无忧的"三窟"，让孟尝君"为相数十年，无纤介之祸"，这就是最大的报答。

第四，得人财者与人消灾

一钱来处不易，别人基于同情、道义，以钱财帮助我们，我们不能船过水无痕，这些恩德，要谨记在心，在能力许可时，也要以钱财助人，让曾经帮助过我们的人，能得到这些布施的功德。

"知恩图报"虽然是做人的基本道理，不过，佛陀在两千多年前就观察到能够"知恩图报"的人，实在稀有难得，在《长阿含经》里提到：世间有五种甚为难得的宝：一，如来至真出现于世；二，能演说如来正法者；三，能信解佛法者；四，如来演法能成就者；五，危险救厄知反复者。"懂得回馈"与"如来出世"同样难得，但愿大家都能做个"难得之宝"。

矜持的利弊

矜持，是一种美德，有时代表一种庄重、一种威仪。尤其东方人的性格，无论在行为举止，或言语思想上，都不愿表现得太过嚣张跋扈，那就是一种"矜持"。但矜持也有它的内容，表现得当与否？会不会引起误会？关系着个人的修为与人际往来的维持。以下四点可以作为参考：

第一，目空的矜持是傲慢

适当的矜持，是一种风度、是一种礼貌、是一种高贵。但是有的时候矜持不当，变成自以为是、目空一切，乃至不自然、不得体，就会成为一种傲慢。你因矜持而看不起人，别人必定也不愿理睬你，看不在眼里，成为人与人之间的障碍，这种矜持就要去除。

第二，尊贵的矜持是恃才

有的人荣耀富有，不高兴与贫穷卑下的人讲话，这是他的矜持；有的人有地位尊贵，不欢喜与没有地位的人往来，这是他的矜持；更有人知识丰富，而不愿和平庸者交流交际，这也是他的矜持。这样的矜持，尊贵得让人不好受，变成恃才傲物，冷若冰霜。这种矜持的性格，无法平易亲切，人际关系必定有所疏失。

第三,怯弱的矜持是拘谨

有时候,一些女性怕羞怯弱,一再退让,性格就会变得闭塞不前,患得患失;甚至有一些男士,不敢承担,不果敢接受,太过怯弱、太过矜持,结果变成拘谨,甚至是一种束缚。这种缺失,阻碍了精进向前、努力向上的力量,是非常可惜的。因此,放下怯弱的矜持,开阔心胸,自然大方,人生才能奋起飞扬。

第四,谦虚的矜持是含蓄

无论哪位女士或先生,从内心流露出的风度翩翩、谦虚礼让、温柔稳重、举止有致,这种含蓄的矜持,像春风一样和煦,让人感到舒服自然,让人感受他的内涵、他的风仪。这样的人,肯定会受到别人的尊重。

所以,过与不及,都不如佛法所说的"中道"好。在进退之间,知道什么时候应该矜持庄重,什么时候该把矜持化为一种自然、大方,这就是最好的表现了。以上这四点利弊,可以让我们反思一下。

生气的艺术

人生在世,"生气"是难免的事,只是生气要懂得自我排解。所谓"一念嗔心起,百万障门开",生气常让人失去理智,导致后果不堪收拾。西谚云:"生气是拿别人的错惩罚自己";《黄帝内经》亦明诫:"怒伤肝";美国生理学家爱尔马也分析:生气时,体内会分泌毒素物质。因此,提供以下减少生气的方法参考:

第一,呼吸调慢几拍

生气时,就会气急口快,所谓"怒则气逆,喜则气缓",发现自己要生气时,赶快提醒自己放慢呼吸,让自己在一呼一吸中,把气息稳定下来,就像冷气有温度调节器,对于身体的气,我们也要懂得透过呼吸,去调整身心,缓和加温的情绪,这个气就不容易生了。

第二,自我暂且放下

人为什么会生气?无非是自我的表达没有受到尊重,自我没有受到认同,自我没有得到称心,所以气就越生越大,其目的就是要让别人看到我的存在。如果这个时候,你能把自我暂且放下,退一步想,化私为公,化我为众,能从放下自己中,扩大含摄其他人的想法,就不会感到受气了。

第三,是非不必论断

《百丈禅师丛林要则》云:"是非以不辩为解脱。"因为每个人立场不同,看法就会千差万别,若在人我上斤斤计较,则自他皆输。憨山大师也说:"世事本来多缺陷,此身那得免无常。吃些亏处原无害,让他几分有何妨。"有志之人,不以争一时是非为快,要以争千秋万世为重,以此为勉,就不会有气了。

第四,念头细细观照

生气时,先静下来问自己"生气的原因是什么?""生气的目的是什么?""生气可以解决问题吗?"如果是可以解决的问题,为什么要生气?如果生气不能改变事实,那为什么要生气?反省自己是否有做错的地方?如果没有,学习原谅他人,这是给自己与别人机会,如此,就能以同理心减少生气了。

作战前要有战术谋略;人事管理也有领导管理的妙方;事不如己意,也要有生气的艺术,如此才能在应对进退中,不被心浮气躁的情绪左右;用智慧化解剑拔弩张的气氛,才是待人处事高明处。

远之用

人很奇怪,走路怕路远,做事怕事难,该读书,怕读书苦,等时间,怕时间长。难道怕远、怕难、怕苦、怕长就好吗？其实,越难做的事,能把它做成功了,更有成就感；越是时间长久的事情,越是去从事,更能见出真实的功夫。好比佛教说,成就菩萨道,修行要历经三大阿僧祇劫,这就是在训练我们的耐力,正因为佛道长远,才觉得目标神圣而可贵。所以,"远"之用,有四点：

第一,名利看得远,能够举止自在

乾隆皇帝下江南时,在运河边遇到一位法师。乾隆问法师："你在河边多年,可曾算过有多少艘船经过？"法师说："只有两艘,一艘叫名,一艘叫利。""名利"诱人可见。一般凡夫汲营追求,倒也无可厚非,只是名利也要用勤劳、能力、道德,慢慢积累而得。

所谓"实至名归",才能真正安心,你不急于一时获名得利,自然举止泰然、潇洒自在,不会患得患失。否则如民国初期的袁世凯之辈,名利熏心,专制独裁,又行帝制复辟,落得称帝不久,立即遭到举国上下反对,惹得自己恶名昭彰,实在两者俱失。

第二,小人避得远,能够不困是非

宋人许斐说:"与邪佞人交,如雪入墨池,虽融为雪,其色愈污。"《孛经》亦载:"不善友者,假求不副,巧言利辞,苟合无信。"与不善的小人来往,容易引生祸害。所以对那些言行不一、虚伪不实的恶人,不仅不可纳前,而且要远离,才不会为自己惹上麻烦以及是非。

第三,思想想得远,能够洞观本体

孔子云:"人无远虑,必有近忧。"意思是说,一个人的思想不能局限于自我,应该扩及众生;也不只局限于一时一地,而是要扩大至无边的法界;将思想的领域扩大,不仅想到今生,还要反观过去,甚至思想到来世,那么对于事物本体的观察,就能更宽、更广、更大。

第四,心胸放得远,能够省去烦恼

人世间的许多忧愁烦恼,皆因心胸狭窄,计较、放不下。假如心胸能放得开、放得远,则对世界上的好好坏坏、是是非非、功名富贵,自然能包容放下且清心自在。

路远,知马之实力;行远,知人之毅力;菩萨发心,不畏成道路远;佛子立愿,不怕愿力不坚。

难与易

唐代的庞蕴居士一家都是禅者。有一天,庞居士在草庵中独坐,突然说道:"难!难!十斛油麻树上摊。"庞婆听了,接口说:"易!易!百草头上祖师意。"女儿灵照说:"也不难也不易,饥来吃饭困来睡。"这则有趣的公案,说明庞家三人对禅的领悟。世间的事情,也是如此,有些容易做到,有些则是不容易做到。"难与易"的分别在哪里?有四点意见:

第一,独立为己易,包容化他难

一般人为追求成功,可以不畏艰难,屡仆屡起,屡败屡战,再大的困难,也甘之如饴,努力奋斗。因为自己心甘情愿吃苦,所以容易。但是,要做到包容他人,而且要能让对方感动,愿意接受你、听从你的化导,那就不容易了。

第二,聪明智巧易,敦厚含蓄难

社会上具备聪明才智,善用灵巧机智,做事创业、研究学问,得到种种成就者,时而见之。但同时要拥有这种特长和美德者,是不容易的。因此,一个人既聪明又敦厚,灵巧之余也懂得含蓄,那是相当难能可贵了。

第三，乐助亲人易，普爱世人难

一般人都会帮助自己的亲朋好友，要我们敦亲睦邻，这也还不太为难，甚至要向认识者伸出援手，也颇多见。但是，能对不认识的人施予慈悲、施予方便、施予恩惠，就不容易了。尤其要进一步做到佛教所讲的"无缘大慈，同体大悲"，将没有缘的人看成跟我是一体，完全没有自他对立，我也能给他慈悲，就更困难了。

第四，清高自视易，拙朴处世难

能力好、资质优秀的人，一不小心，就容易自命清高、自负不凡，自觉了不起。所谓"藏锋要比藏拙难"，聪明的人，能拙朴无华处事，用淳朴厚道处人，就更难得了。因此，真正潜藏不露的，正是能拙朴应世，大智若愚，大巧若拙的智者。

过分之弊

一个人做人做事不及，固然不好，可是做得过分了也不好。中国古代哲人以"天道忌盈"给我们以忠告，凡事物极必反，过分了就会有障碍。"过分之弊"有四点：

第一，过分耿直则迂腐

做人要正派耿直，但是有的时候太过耿直，不能圆融方便，几近迂腐，就有所欠缺了。譬如有些人对自己的才能自视过高，以致"有志难伸"，或是大叹"生不逢时"，甚至抱怨"世风日下，忠佞倒置，无一可取"。然而社会、时代固然有其背景，从另一方面看，有时也不能不归咎于过分耿直的性格。

第二，过分执着则障碍

择善固执是做人处世很好的原则，有的时候过分执着，就会障碍重重。比方大众集会时，人家倒茶，他却非开水不喝，这岂不是太麻烦别人？到朋友家作客，主人端了一碗面，他却认为要吃饭才算礼数。吃饭能饱，面也可以果腹，为什么一定要执着于自己的习惯呢？所以，太执着于某一件事情，反而让自己在做人处世有了障碍。

第三，过分清高则做作

有的人自命清高，不愿意和凡夫俗子交往，不愿意住乡村陋巷，自己认为不好的人事，都不愿意亲近、往来，甚至为了一个座位、一个职称，心中生出许多的分别和计较。所谓"水清难养鱼"，这种自以为清高，不能随缘的人，让人感到做作，不近人情，因此也会丧失人缘，乃至惹来麻烦，成为做人处世的障碍。

第四，过分奢华则损福

今日科学发达，文明进步，经济成长，物质丰富，人们的生活不断跟着改变。人一生的用物多少是有限的，不能因为物质富有，就过分奢华浪费，过分奢华，就是在减损福报。

因此古人说："人生衣食财禄，皆有定数，当留有余不尽之意。故俭约不贪，则可延寿；奢侈过求，受尽则终；未见暴殄之人得皓首也。"

有道是："不吃过头饭，不说过头话。"凡事"过"了，就不好了。这"过分之弊"我们应该要去除。

虚实之间

在这个社会上,有的人做人实实在在、踏踏实实,一点都不造假;但也有的人虚虚伪伪、巧诈奸滑,虚假靠不住。所谓真亦假来假亦真。在每一个真假、虚实之间,我们如何辨别真伪呢?这"虚实之间"有四点参考:

第一,过谦者宜防其诈

谦虚固然是美德,但是过分、不得当的谦虚,就成了矫情,就不得不让人注意,可能这其中或者有诈。如《汉书》中班固批评王莽的儒行为恭俭,即是欺世盗俗,窃取刘汉天下。过分谦虚的人,擅用以退为进的诈术,博取他人的欢喜与信任,来达到予取予求的目的。俗言:"黄鼠狼给鸡拜年",过谦者除了让人防备外,还会被人讥为畏缩,没有担当,不能成就大事,而失去机会。

第二,过默者宜防其奸

俗话说"沉默是金",但过分地沉默,当讲不讲者,这就令人不得不小心了。台语俗谚:"恬恬吃三碗公。"类似真人不露相的意思。宋朝大文豪苏东坡先生亦云:"人之难知也,江海不足以喻其深,山谷不足以配其险,浮云不足以比其变。"一个喜怒不形于外的人,内心城府深沉,应笑不笑,看不出他生气,脸上没有表情,不知道他葫芦里究竟卖的是什么药,也无从知晓他内心的看法、想法与计谋,因此,过分沉默的人,我们宜防其奸滑。

第三,过满者宜防其虚

社会上我们常常会遇到一种人,说话的时候,总是自信满满、信誓旦旦地吹嘘、标榜自己人格伟大,事业成功,做事能干,如何了不起等……有的时候太过自夸,让人不得不注意他的虚而不实。例如有公司、财团过度宣传,虚报公司资产,向银行超贷,最后落得周转不灵,投资人血本无归;也有人吹嘘自己得到神通,或自称"无上师",使佛法沦为怪力乱神、诈财骗色的宗教,而遭到社会的误解与指责。因此吹嘘、自我膨胀、自我宣传,是让人靠不住的。

第四,过躁者宜防其伪

如果一个人过分急躁、烦躁,什么事情好像很不安的样子,这你也不得不提防。因为太过急躁的人,或许是另有企图,或者蒙骗的行为。就像有些不肖子,哄骗父母将房产过户,等目的达到了,就弃父母于不顾;也有些具有争议性的法案、条款,立法单位却急就章快速通过,审核过程粗糙,其目的不得不让人民心起疑惑了。

所谓害人之心不可有、防人之心不可无。因此,一个人究竟是虚伪的呢?还是诚实的,我们都可以用这四点评鉴一下。

变易难久

《八大人觉经》是佛陀教导大家应该觉知思维的八种方法,第一条就是"觉悟世间无常"。所谓无常,就是世间没有永远不变的事情、东西。好的东西、好的境遇,无法永远不变;不好的东西、不如意的境遇,也不会永远不变。无常不是不好,能真正体会无常的真意,就会激发出信心来。比方,我虽然贫穷,只要我肯勤奋努力,就会改变,因为"穷"是无常;我虽然笨拙,只要我肯认真学习,就能灵巧,因为"笨"也是无常。从无常观体会世间事物,会发现任何现象都是变易难久,有以下四点说明:

第一,诈伪不能久长

虚伪诈骗只能是一时的,即使用尽心机、巧设计谋,也只能欺人一时,不能欺人一世,西洋镜迟早总会被人拆穿。虚伪欺诈经不起时间的考验,不能长久。因此,还是老老实实做人,本本分分做事,才是处世之道。

第二,空泛不能守持

有些人一心追求神通,听信奇迹;有些人相信成功有快捷方式,鄙夷步步踏实的努力;有些人只求速成,不愿按部就班地用功。

其实，神通靠潜心修行而得，奇迹靠心诚意笃的感应，成功亦在出力流汗之后，才真正属于自己。妄想不劳而获，奢求一步登天，都是空泛不实的念头，犹如镜花水月、龟毛兔角，本来就不存在，如何期望保有、守持？

第三，朽木不能雕塑

虽遇巧匠，朽木难雕。朽坏的木材，即使用昂贵的金饰涂里，请高明的艺匠削磨，也难以雕成真正的艺术品。朽木既不能雕塑，就承认、接受它的变易与腐朽，让它成为柴薪，或成为腐植、堆肥，发挥最后的价值，而不一味强求它成为不朽的艺术品。

第四，情爱不能不变

一般人谈情说爱，总执着这个情爱是永恒的，发了海枯石烂、此情不渝的盟誓。这也不可能的。情爱本身也是虚妄无常，变化多端的，因此不可太相信它应是永恒、不变。有缘相处时，真心真意地好好对待；缘尽情散时，保持风度地各自奔赴前途，这样才是对待情爱的正确观点。

佛经中也说："国土危脆，四大苦空，五阴无我，生灭变异，虚伪无主。"了解这个世间的变易难久，建立起无常的正确认识，遇到生命中任何不可逆转的变化时，就不会仓皇无措。有一些虚妄不实，是由于错误的认知所带来的痛苦。

卷四 | **教导后学**

如何教导后学？
最重要的还是为人父母、老师、长官者，
以身作则，让子弟、学生、部属，
有学习模范的榜样，可以达到教导的成效。

谁最好

一般人总以为"是我的""对我有利益的""待我好的",谁就是最好。但是所谓"良药苦口,忠言逆耳""路遥知马力,日久见人心",不管人事物,都必经过一番的考验,才能见真章。关于"谁最好"有四点意见:

第一,儿子好不如媳妇好

"望子成龙"是天下父母心,无不希望儿子将来都能成大器,因此给他最好的教育,对他百般好,就怕恨铁不成钢。但是做父母的,更要待媳妇好,不要以为媳妇是来抢儿子、抢家产,把她当成外人,甚至二等公民来看待,这是不对的,有句话说:"家里出了贤嫂嫂,满村姑娘都教好。"出了好媳妇,这家人的家风懿行会令人赞叹;对待媳妇好,会更显出父母的美德。

第二,女儿好不如女婿好

身为父母,女儿嫁到别人家后,还要挂念女儿在夫家过得好不好、有没有受到委屈。当女婿、女儿回来时,总是与女儿比较亲昵,与女婿比较疏远。其实做父母的,除了待女儿好,更要待女婿好。你待他好,他会感动,更能体贴你的女儿,如同亲生儿子般地孝顺你。所谓"爱人者,兼其屋上之乌",更何况你爱女儿,也就更要爱女婿了。

第三,待己好不如待人好

《论语》说:"放于利而行,多怨。"一般人行事,大都以自我为中心,利益是我的,好处是我的,只要有好的,自己就贪取一点,别人有没有、好不好,也就顾不了那么多了。但是世间是"同体共生",生命是一体,只有自己好,别人都不好,自己也无法单独在世间生活。如果将大众看得比自己还重要,大众也会同样尊重我。任何人在团体里要与大众融和共存,也唯有"待人好"才有前途。所以,待自己好,不如待别人更好,待人好就是待自己好。

第四,尊荣好不如淡泊好

大多数的人都想得到富贵荣华,得到他人的肯定赞美,拥有崇高的尊荣地位。但是所谓"大名之下,难以久居",这些都还是外来的、是别人给予的,一旦遇到人我、挫折、考验,可能就失去了。生命中比尊荣更重要的东西,就是"淡泊"。《禅林宝训》说:"知安则荣,知足则富,避名全节,善始善终。"唯有安于淡泊简朴,才能长久,自然无欲则刚,才能做一个心灵大富贵者。

俗话说"宰相肚里能撑船",我们的心量能容宇宙,三千大千世界就在我们的心中;心中能容下每个人,待人好,谁都是最好。

难能可贵

南宋妙喜普觉禅师说,寺院的住持当家之所以不容易,是因为"要在终其大舍其小,先其急后其缓,不为私计专利于人"。一个人能为了顾全大局,牺牲自己的利益,在是非混淆、价值观念逐渐模糊的社会,出淤泥而不染,同流而不合污,乃至慈心待人、孝养父母、尊师重道等等,这都是非常难得可贵、值得人们称誉的。在此提出四项修养上的"难能可贵":

第一,牙齿以坚硬易毁,故至人贵柔

老子去探老师常枞,并请教遗训。常枞告诉老子说:"舌之存,以其柔;齿之亡,以其刚"。我们口里的牙齿是坚硬的,舌头是柔软的,但是人到老时,先掉的,却是坚硬的牙齿。又好比水最柔软,却能穿石,负载船舰,可知柔软也拥有坚强的特性。所以,有德之人,其处事的妙方不外是"常住柔和忍辱法,安住慈悲喜舍中"。

第二,刀刃以尖锐快摧,故至人贵浑

憨山大师《醒世歌》说:"从来硬弩弦先断,每见钢刀口易伤。"绷得太紧的弓弦,常常应声而断;锐利照人的刀刃,更容易受损。一个人如果常常以强硬的态度处事,容易自伤伤他。因此,有德之人处世应稳重含蓄浑厚,事事能为他人留个转圜的余地。

第三,神龙以难见称瑞,故至人贵潜

有云:"神龙见首不见尾",因为不容易见到,所以神龙出现,就显得祥瑞。《易经》有句:"亢龙有悔",意即告诫世人,一帆风顺或养尊处优时,切忌自满骄傲,否则很快就会尝到败落的滋味。有德学人,深知韬光养晦的功夫,即使聪明绝顶、才华盖世,也懂得谦逊恭让。所谓"大盈若冲,其用不穷",凡事不轻易张扬、表露,其福德因而得以绵长。

第四,沧海以汪洋难量,故至人贵深

泰山不辞细壤,故成其大;沧海不择细流,故成其深。稻禾不经雨滋日晒,不得饱穗;梅花经过霜雪凛冽,始得清香。人也需要一番努力锻炼,才会有所成就。有德学之人,知道"养深积厚"的可贵,因此,越是饱学,越谦冲自牧;越是高明,越深藏不露。

我们虽为凡夫,但是只要努力修养心性,也能拥有这四种难能可贵的特质。

不回来的东西

春天去了,有再来的时候。太阳落下,有再升起的时候。我们的一生当中,有许多东西是一去就不再回来的。这里有四点意见提供:

第一,泼出去的水

一盆水,一旦倒了出去,无论用什么方法,也无法完全从地下再舀回来。同样的,一杯水,翻倒在桌子上,也无法收回来。总之,一件好物,不能随便丢弃,形同浪费;一杯好茶,随意把它泼出去,实在可惜;一件好事,弄得不得回头,届时后悔也来不及。因此,点滴诸事都要珍惜。

第二,说出口的话

过去有人说:"一字入公门,九牛拔不出。"一个字,送到公家机关里,要再把它拿回来是不可能了。同样的,我们无心说出去的一句话,要把它收回来,可能吗?即使你道歉,人家表面可能退让,但总是介意在心。等于是一块白布上,泼了一点墨,无论怎么洗,它还是会留下斑点痕迹。所以,话不能乱说,无论文字言语,都要谨慎。

第三,消逝的光阴

朱自清说得很好:"燕子去了,有再来的时候;杨柳枯了,有再青的时候;桃花谢了,有再开的时候;聪明的你告诉我,我们的日子为什么一去不复返呢?"我们的人生,多少时光,一去就是永不回来;今天过了,就不会再回头。真实的生命,就是光阴、就是时间,当下的这一分、一秒,是不会再有的,所以,"一寸光阴一寸金",一定要爱惜光阴。

第四,错失的机会

机会如光阴,稍纵即逝。一个成功的人,不但把握每一个机会,甚至是主动创造机会,辛勤耕耘。西谚云:"天才是时时刻刻寻找机会,他们愿做别人不愿做的工作,他们永远不怕做别人从来没有做过的事。"所以,我们认为是天才的人,其实是他们比更多的人付出把握机会努力的。

"珍惜福报才会更有福报;珍惜因缘才会更有因缘"。一个有智慧的人,不但会珍惜手中的福德因缘,更不断创造出更多的好因好缘,自然会成就一番大事业。以上四点,只要把握住生活中点滴因缘,不随便破坏,进德修业,终会有所成就。

"藏"的大用

"藏"有所保留,"藏"有所涵养;自古书法大家皆说,用笔藏锋,锋若不藏,字则有病;文人学者的传世大作,也是要藏诸名山,待后世有缘者发扬光大。藏,看起来隐晦,看起来保守,其实它有大用,什么大用呢?有四点如下:

第一,幽兰藏于深谷

兰花习润忌日晒,喜风避冷寒,自古因深藏在山涧泉边,以幽香淡雅弥久,而有"王者之香"的美名。所谓"崇兰生涧底,香气满幽林",假如兰花生在纷纷扰扰、嘈杂不安的环境里,就闻不到它的暗香远飘,也显不出它的高雅珍贵,因此说"幽兰藏于深谷"。

第二,宝玉藏于琢磨

一块璞石,在不懂的人看来,以为只是一颗普通石头,只有认识者才知道内藏宝石。是璞玉者,就要给予琢磨;给予雕琢,慢慢地才能放出光芒,成为非凡的宝玉。因此古人有云:"玉不琢,不成器。"再好的宝玉,也都要经过琢磨,才能显其价值。

第三,大器藏于晚成

是大器之人,要时间慢慢地养深积厚,是有用之才,也要慢慢地培养声望。好比山里的树木才二年、三年的,把它锯下来,只能当柴烧;是十年、二十年的,可以用来做桌椅;如果是百年以上,就可以做栋梁了。所以有一句话说:"君子藏器于身,待时而动。"只有沉得住气,才能成才;能够韬光养晦,才成大器。

第四,显达藏于谦卑

竹愈高,愈是弯腰;穗愈饱,愈是低头;一个真正显达的人,愈是谦卑。反之,我们看到很多暴发户,一下子显达了,就吆五喝六、耀武扬威,那是不会长久的。"良贾深藏若虚,君子盛德,容貌若愚"。真正的显达,愈是谦卑,愈能长久。

人有才华很好,但才华不要轻易暴露,等于传世宝贝,也不能轻易曝光,否则就有危险了。一个人过度出风头、过度张扬自己,反而不利,好比黔驴之技,让人家看透你的本领,反而不尊敬你。只有深藏不露的人,才是有所实力、有所得用。因此,人要有一点含蓄、含藏。这"藏"的大用,有妙处无穷。

无的功用

无,不是无用,无用才是大用。你看,眉毛有什么功用?不能看、不能吃、不能呼吸空气,但它就是得长在眼睛上面这个地方,否则就不像个人,这就是它的大用。"无"也可以从另外的层面去认识,你体认苦海无边,才知回头是岸;你了解世事无常,才懂珍惜因缘;因此,无也有它的功用。有哪些呢?有四点如下:

第一,无病身心健

只要不生病,身心健康,我就能做事、能服务、能帮助人。像慈济医院、云水医院,除了云水到乡间村落,为偏远地区的患者服务外,另外一个理念就是让有钱的人、健康的人出钱,替贫穷的病人出钱治疗,让无病的人,为无人照顾者服务。这种"无病",有更大的意义。

第二,无债一身轻

有谓"怕见的是怪,难躲的是债"。你负债累累,压力就大了。无论是金钱的债、文字的债、人情的债、承诺的债,甚至答应人家的一句话讲出来,都是一种债。你把债还了,没有积欠了,所谓"无债一身轻",那真是人生一大自在乐事。

第三，无仇全家安

俗语有谓"圣人化仇恨为增上缘"，有了仇恨，心头难消，念头都是报仇；有了仇恨，就是君子，也不容易释然放下。你结了仇，白天夜晚都不安宁；你结了怨，时时刻刻如坐针毡。因此，不要轻易跟人结仇结怨，"得饶人处且饶人"，没有仇怨，全家大小都平安。

第四，无灾享太平

天灾难预料。大自然的台风、地震、水灾、火山爆发等，即使科学昌明，可以事先预测，有时还是叫人难以预料；可是人祸却是可以避免的，小心火烛防火灾；远离财色，防血光之灾；和谐尊重才能避免争战。少灾少难，人人期待；无灾无难才可以享受太平之乐。

所以，"无"字很有意思，不一定从"有"的上面去获得。从"无"上，获得的功用更多，无病、无债、无仇、无灾，甚至"无罪心头轻，无畏自在行"，这个"无"比"有"更好。我们不妨从"有"的生活里，跳脱出来，从另外一种角度，体验"无"字的功用。这个四点"无"的功用，大有价值。

警觉之要

生活要时时怀有警觉心。警觉世间无常,就会爱惜时光;警觉人情冷暖,就知道谨言慎行;警觉世间的忧悲苦恼,才能提得起、放得下。如何提高人生的警觉?有四点需要:

第一,要安而不忘危

人生活在平顺稳定的时候,往往会忽略了各种潜在的危机,一旦危险发生,则来不及应付,所以平时应有忧患意识,以防患未然,不致留下遗憾。飞鸟类在未雨之前,就懂得修护巢窝;临冬前的动物也知道要储存粮食,唯恐冬雪不便;同样的,人在拥有财富的时候就应广结善缘,布施贫乏。有朝一日,当你有困难的时候,自然就会有人来帮助。

第二,要存而不忘亡

世界上许多功成名就的人物,年老时仍不愿交棒给后人,未能将身后事处理好,让如日中天的事业而告中断,甚至百年后,儿孙为了争夺遗产,弄得乌烟瘴气。因此,当我们身体康泰的时候,就应该想到生存与死亡只是一线之隔,死亡无时无刻不伴随在我们身边,人不能只想求生,却不预作死亡的准备,一但事实昭然,就措手不及了。

第三,要治而不忘乱

唐朝大医家孙思邈说:"古人善为医者,上医医未病之病,中医医欲病之病,下医医已病之病,若不加心用意,于事混淆,即病者难以救矣。"意思是说从事医护之人要有"预防重于治疗"的观念;中国古圣先贤治理天下,常常有"先天下之忧而忧"的胸怀;佛教治心亦然,教以止观,洞察心机之始。因此,处于顺境时,应有遭受逆境时的预备和防范,方能临危不乱。

第四,要得而不忘失

人生在世总有得失,即使甜如蜜的爱情,亦如流水,时而载舟,时而覆舟;纵使富比王侯,十年风水转,黄金变粪土,将相公侯变成阶下囚。所以明朝憨山大师《劝世文》说:"荣华总是三更梦,富贵如同九月霜。"杜甫《缚鸡行》载:"鸡虫得失无了时,注目寒江倚山阁。"

世间无论什么东西都不是永恒存在的,因此,对于人、事、物的无常变化更应该提高警觉,身心才能获得保障和平衡。

情感表达

人是感情的动物,生活起居、往来之间等,都要用情感来表达。例如中国人用微笑、握手表达,西方人惯以献花、拥抱表达,佛教徒则用合掌、爱语、赞叹来表达。但是,也有人用情绪化、憎恨、恶口,甚至暴力来表达感情。感情如果没有理智来领导,不但别人不欢喜,自己也不好受。因此如何将自己的感情表达得宜呢?有四点贡献给大家:

第一,要感性更要理性

我们立身处世,太过理性显得冷冰冰,过于感性又太过热哄哄,容易冲昏自己。感情处理不当,变成染污、盲目,人心的自私、烦恼、伤害等,就会因此引发。

乃至有时候自己跌进火坑里,都还不知道错在哪里。因此,理性时,要带一些感性来圆融;感性时,也需要有一些理性来驾驭,合乎中道才能安全。

第二,要看开更要看透

佛教讲"缘聚则生,缘散则灭"。情爱本身也是因缘聚散,不可能永恒不变。因此,有缘相处时,彼此真诚对待;缘尽情散了,保持风度各奔前程。只有两个人的感情世界是非常狭隘的,何必钻牛角尖,想不开、看不透,只为某一事、某一人烦恼,甚至造成无可挽回的悲剧?不如将感情的窗子打开,把爱的对象扩大,才能看到更多美丽的人间风貌。

第三,要乐观更要达观

人一生大半都受情感左右,无论人际往来、是非得失,甚至生死存亡中,都有喜怒哀乐,我们要以什么样的情感面对,就在于我们的选择。

如果每天愁云惨雾,日子怎么好过呢?不如换个角度,把乐观、欢喜带给别人,不要把烦恼悲伤传染给别人,才会有快乐的感情生活。

第四,要开发更要开心

感情如土地,需要开发,才能培植、成长。对父母的感情要开发,才懂得感恩孝顺;对儿女的感情要开发,才能发挥父爱母慈;对朋友的感情要开发,才懂得奉献包容;对国家社会的感情,要开发才能爱国爱众。因此,我有慈悲,就将慈悲开发出来;我有欢喜心,就将欢喜心开发出来;我有信仰,就把宗教情操开发出来,这样人生就会充满乐观开心。

古人云:"精诚所至、金石为开。"对人有真实的情感,就能真诚待人,以慈悲、关怀的真心去帮助别人、提携别人。言行都是真情流露,慢慢地就能近悦远来,连顽石都能为真情所感,何况是万物之灵的人类?能以上述四点来面对,我们的感情会开阔与升华。

教导后学

佛陀的教学方法有"观机逗教""应病予药",意指是什么样的机,就给什么样的教;是什么病,就给什么药。孔子的教学法讲究"因材施教",佛陀的教学法是"观机逗教",这都是针对每一位学生的资质给予指导。以下六点意见:

第一,苛薄者,教以宽厚

苛薄的人,言词锐利、小气吝啬,时常在不经意时候得罪他人,甚至无形中失去许多朋友、助缘。这时候,要施予"广结善缘"的教育,从宽厚待人当中,培养开阔大方、与人为善的气度。

第二,暴戾者,教以温和

如果子女行为凶残,表现粗鲁暴戾,要设法让他学习慈悲温和的性格。有许多儿童,常常在夜市路旁玩弄小鱼、小虾、小鸟,这种不尊重爱惜生命的态度,长大以后,杀人做坏事,不就是这样养成的吗?因此,从小导以温和的教育,非常重要。

第三,浮华者,教以诚恳

浮华的性格,表现于外是虚荣、奢侈和势利,潜藏于内是贪婪、傲慢及矫情。这样汲汲追求荣华富贵,即使成为社交名人,也难保不遭大众的批评轻视。所以,应该教导后辈子弟,虽然身处繁华虚浮的世界,也要掌握自己的原则和立场,学习诚恳的态度,才不致于迷失自己。

第四,肤浅者,教以含藏

肤浅,就难以厚实;短视,就难以看远;因此,要协助他含蓄内敛,养深积厚,不必急于表现自己,暴露自己的弱点。能够学习深藏谦虚,才是修身之法,保身之道。

第五,轻浮者,教以持重

有些子弟信心不够,言语轻薄,态度轻浮,或者以种种奇异装扮,极力博取他人注意。这时,要想方法给予信心,启发他的特质,教以端正庄重,不可随便。所谓"老成持重",自尊自爱,才能获得他人的尊重和重视。

第六,烦躁者,教以宁静

常常内心不能安定,性格过于烦躁好动的人,可以教导他学习宁静。例如许多学校,在上课之前,让学生静坐5分钟;许多团体,在开会之前,让会员打坐3分钟。所谓"宁静致远",由静而定,可以发挥更大的力量。

如何教导后学?最重要的还是为人父母、老师、长官者,以身作则,让子弟、学生、部属,有学习模范的榜样,可以达到教导的成效。

忠告之要

所谓忠告、谏言,是正面的、是纠举的、是规劝的、是建议的、是训诲的。然而,忠言逆耳,良药苦口,忠告要能令人堪受,若听者无法接受,不能达到目的,不但无济于事,反而适得其反。因此给人忠告时,表达要得体,不能让对方觉得你在羞辱他、找他麻烦,不能令他心生反感。因此,对于一句好的谏言,如何让对方接纳,又能对症下药,这是一门大学问,更是一大技巧。

如何给人忠告呢?有四点意见:

第一,切莫数落对方的缺点

我们对别人忠告、谏言,要委婉曲折,要让他欢喜接受;不要一再强调、指责对方的缺点,不能一味地批评、数落对方,否则他承受不了,便不容易接受你的忠告。

第二,切莫流于说教的形式

我们忠告对方,要让他觉得受到尊重,而不是在对他说教,也不是开示,更不是指责,而是分析。所以,谏言不可以流于说教的形式,才是最好的忠告。

第三,切莫尖酸刻薄地挖苦

我们给人忠告,态度要诚恳,立意要善良,而且语言要婉转,千万不能让对方感觉你说话尖酸刻薄,指责太严厉,批评太苛求,否则他心生反感、排斥,那就失去忠告的意义了。

第四,切莫拂逆对方的心意

我们要摄受别人,给予对方忠告时,必须先施以"同事摄"和"爱语摄",要站在对方的立场表达,让他觉得你了解他、懂得他,而不是在拂逆他的意思,让他觉得你很体贴、值得信任,他自然会接受你。所以,不逆人意,才能做一个最好的忠告者。

给人谏言,要有勇气;接受别人的谏言,则是一种智慧和美德。历史上,魏征之于唐太宗、孟子之于梁惠王、缇萦之于汉文帝、邹忌之于齐宣王……等,前者的勇于谏言与后者的雅量纳谏,皆被后人传为美谈。在佛教里所谓的四摄法门,是菩萨度众时的权巧方便,视众生根器、喜好的不同,令之转迷成悟。受教者固然应该如"虚空"一般,接纳一切,方能容受、学习所有的事物;施教者,也必须像"虚空"一样,无所不相,才能达到同事摄受的效果。

饮酒的过失

在我们的社会当中,喝酒的人不少,在社交场合,也常以鸡尾酒品酌,以示礼仪。但是,时下之饮酒丑态百出,比如划拳劝酒、强制喝酒、赌注喝酒等,不仅危害身体、危害理性、影响社会善良风气,尤其因为喝酒破坏人伦、延误大事、害身丧命者不少。佛经说饮酒有三十六种过失,今列举四点如下,实应为戒。

第一,颜色恶,力气少

喝过酒的人,面红耳赤,脸色难看;喝醉酒的人,胡言乱语,四肢无力,连走路都要人家搀扶。更有甚者,体态莽撞,四肢挥舞,乃至不慎跌入水沟,破伤颜面,血流满身,四仰八叉,东倒西歪的样子,好似个活死人,实在令人不忍睹之。

第二,眼不明,言不顺

喝酒过多,舌头结巴,语意不清,话不流利;酒后驾车,河流当作马路,自寻死亡。还有甚者,眼睛模糊,丑态百出;醉后多话,不但把自己的隐私向人吐露,还把朋友的隐私,随便说出来,乃至指天骂地,不避王法,最后招致无可挽回的恶果。

第三，相嗔恚，神不清

喝酒过量，犹如狂人，嗔恚凶恶，随意抛掷家中杂物，惊动左右四邻，人见人怕，不敢靠近。醉后神智不清，面色萎黄，呕吐的样子，把做人的基本举止道德、人格神气，统统都丧失殆尽，可见饮酒过量的危害有多大。

第四，名声坏，疾病增

凡是好饮宴喝酒的人，都会遭受批评，名声败坏；凡是好酒之人，因为酒量过多，必定会引致疾病，使身体衰弱。此外，喝酒的人，经常结交酒肉朋友；喝酒之人，妻子憎恶其状，想方设法与之远离；饮酒过分，违犯国法，监狱有分；饮酒之人，减损福报，受苦无穷。

既然如此，为什么我们做人要为了逞一时"饮酒"的口腹之欲，而把自己的六根弄得颜色恶、力气少、眼不明、言不顺、神不清、增疾病呢？所以，不要小看一杯酒，它对于一个人的损害，不可估计。饮酒的过失，实在不可不慎。

聚集

一般人都希望自己拥有无限的财富、崇高的地位,因此,存款愈多愈开心,土地愈广愈过瘾,人气愈盛愈风光。但是,所谓"福兮祸所倚",一味贪多、求好,表面上是拥有,实质里却有无尽的烦恼。不过,若努力聚集的是德性、慈悲、戒行,那么,积累的就是无上的福德因缘。关于聚集,提出六种看法:

第一,聚财招祸

有些人一辈子为了钱财忙碌,等到财富积聚够多了,却已发苍苍,视茫茫,行将就木,如《醒世诗》说:"朝朝暮暮营家计,昧昧昏昏白了头",岂不悲哀!如果为了钱财,铤而走险,作奸犯科,应了俗话说的"人为财死",就更不值得了。

第二,聚贪招怨

有的人非常贪心,物品、房屋、土地,凡是在眼前的,都想据为己有。但是,世上的物质就这么多,你得到了,就表示别人无份。因此,若是一个人占尽所有的好处,不懂得与他人分享,当然不免要遭到他人的怨怼。

第三,聚名招谤

名气大的人,虽然可以享受一呼百诺、随从如云的风光,却也因受到他人特别的注目,有时不免会尝到"树大招风,名高引谤"的苦恼。

第四,聚戒招誉

一般人遵守法律,修行人谨守戒律。世间的法律和出世间的戒律,都是端身正心的绳墨。奉公守法、持戒严谨的人,绝不会侵犯他人的利益,因此,在社会上或是团体中,总能赢得别人衷心的尊重和赞誉。

第五,聚慈招德

"慈能与乐,悲能拔苦"。佛教中有位笑眯眯的弥勒菩萨,不仅每间寺院供奉它,佛教徒欢喜信仰它,甚至没有信仰的人,也喜爱将它放在厅堂作镇家宝,那是因为弥勒菩萨有着无限的慈悲,让大家都欢喜。同样的,我们如果常常布施欢乐给别人,救济他人于苦难,也能积累拔苦与乐的功德,而得到他人的欢喜。

第六,聚德招福

《阿弥陀经》说:"不可以少善根福德因缘得生彼国。"不仅求生佛国需要具足福德因缘,要成就世间任何事,也都需具备福德因缘。而最快速的积福方式,就是聚德;一个人道德愈好,福报就会愈大。

每一个勤奋的人,都知道要聚集。普通人努力积聚财富;聪明人除了财富,还费心聚集名利地位;有智慧的人,则懂得唯有积德、集慈、聚戒,才是最明智的聚集。希望大家都能做个有智慧的人。

不如

"不如",是一种比较,例如常听到的"百闻不如一见""求人不如求己";"不如"也是一种超越胜过,例如"得黄金百斤,不如得季布一诺""良田万顷,不如薄艺随身"。在我们日常生活,乃至言行处世中,要"不如"什么呢?以下有四点:

第一,市私恩不如扶公义

有的人和人相处交朋友,会施一点利益恩情给别人,不过,他却不是出于诚心真意,而是出卖私人的恩义,来博得他人对自己的好感,甚至给人一点恩惠,就要别人回馈感谢,这都是不如法的。《佛光菜根谭》说:"利益均沾,莫以公物私惠亲友。"与其遮遮掩掩地施恩于私,不如坦坦荡荡地扶持公义,让光明正大的正义能够发扬。

第二,结新知不如敦旧好

人常"喜新厌旧",因为"新"很好,新气象、新风貌。但"旧"也不一定不好,尤其人生道路上,老朋友是护持我们的最大力量。伯牙绝弦于钟期,是伤痛知音难遇;杜甫卧病长安,慨叹新友不似故交,雨天也会前来探视。"旧"里有情义、有历史,所以要更爱惜。

因此,结交新知固然好,但总不如对旧朋友多一点照顾。

第三,立荣名不如种隐德

拥有好荣誉、好名声,表现突出、立功立荣、得奖肯定,这都是努力进取的人生。但是如果以种种手段汲取,不如种隐德。什么是种隐德?就是积阴德,亦即培植一点不被人知道的福德资粮。给人助缘是积阴德,拔苦予乐是积阴德,甚至功成不居、不称己善,都是积阴德。袁了凡因为阴德改变命运,小沙弥因为阴德得以延寿;在不经意之中,阴德已为您积累了未来的善缘好运。

第四,尚奇节不如谨庸行

有时候,人总希望自己具有出奇的能力、特殊的气节、特殊的功勋,让人家赞美鼓励。然而,所谓"画虎不成反类犬",如果没有特出的才能气节,还不如以谨慎、踏实、简朴的言行,来让人欣赏和放心。

所谓"与其坐待因缘行事,不如创造因缘机会"。生命的自我反省和立身处世的原则,不妨从这四点"不如"开始做起吧!

有不可者

不少经典里都提到各种的"不可不",如"佛者不可不敬,经法不可不学,圣众不可不事""大愿不可不发,闻者不可不助""道不可不做,经不可不读""身口意不可不护"……活在世间,处在群众中,有些事情,我们也应有"不可不"的认识,让自己一则处众和谐,二则修养心性。

第一,我有功于人者,不可不忘

我们帮助别人、对别人好、对团体有贡献,这些善行、成就,不能常常挂在嘴上说,不能邀功,不能希望别人的报答。《金刚经》说:"以无我、无人、无众生、无寿者,修一切善法,即得阿耨多罗三藐三菩提。"如果念念不忘自己对别人的好,不忘自己的付出,这样的善行,称不上是真的善行。因此,有功于人不可不忘。

第二,我有过于人者,不可不知

有时候我们得罪了人,在言词上使对方难堪,沾别人的光,占别人的便宜,即使人家未生气、未计较,我都不可不知。有些人对于自己的过失或疏忽,常以"我又不是故意的""言者无心,听者有意"等话来搪塞,这是很不好的心态。即使是无心之过,自己也应有所警惕。

第三,人有恩于我者,不可不报

《六度集经》说:"受恩不报,谓之背明";俗话也说:"滴水之恩,涌泉报",别人曾给我恩惠,在困难、紧急时助我一臂之力,在上司面前为我美言,人前人后讲我的好话,这些人情,都不可忘记,一有机会,就得想办法回报这些情意,这些恩惠。

第四,人有怨于我者,不可不和

战国时代,赵国的大将廉颇,认为上卿蔺相如抢了他的风采,对蔺相如很不满,屡次找蔺相如的麻烦,蔺相如则一再谦和退让,终于感动了廉颇。处于群众团体中,不管是真得罪人,还是对方因为误会,而对我们有怨恨之心、愤怒之气,一定要设法跟他道歉、和解,求得他的体谅。

施恩不望报,受恩不忘报,有过当立知,受怨当求解。任何人能做到这四点,不仅人缘日佳,品德修养也会日有所进,且能积累无量的福德因缘,成就无上功德。

想念

每天我们的念头总是起起落落,佛经里形容人的心念像瀑流一样,连续不断,如《宝雨经》云:"妄心如流水,生灭不暂滞,如电刹那不停。"不论是妄想、梦想或是理想,每个人心里总有所系念,念头也有好有坏,要如何升华,转化念头,有四点提供参考:

第一,凡夫的想念是聚集

一般人每天所想念的是如何拥有更多股票、金钱、名位,拥有上等的豪宅、轿车、珠宝等等,这些都是欲望的聚集。除了系念物欲的追寻外,若能更以智慧作璎珞来自我庄严,自我升华,如《杂阿含经》云:"凡夫染习五欲,无有餍足。圣人智慧成满,而常知足。"那才是难能可贵的。

第二,君子的想念是道德

君子的思念不是想得到金银财富,他会想到学问如何进步,道德如何长养,智慧如何提升,如同《论语》所云:"君子食无求饱,居无求安。"常常省思"吾有德乎"。因此说"君子谋道不谋食",好比颜回箪食瓢饮、不改其乐的精神,令人赞佩。

第三,仁者的想念是安邦

周公"一沐三握发,一饭三吐哺",连洗发吃饭都不得安闲,一心一意为国求贤求才;范仲淹"士当先天下之忧而忧,后天下之乐而乐",忧国忧民,以天下为己任,如苏洵所云:"贤者不悲其身之死,而忧其国之衰。"仁者就是这样无时无刻不以国家前途为想念。

第四,道人的想念是救世

牧师、修女与僧侣以"弘法是家务,利生为事业",他们所想念的都是救人救世、觉世忧民。如玄奘大师西行求法,鉴真大师东渡传戒,为世人留下典范。近代的太虚大师一生主张革除佛教积弊,以弘教护国,兴国救世;印度特里莎修女坚定的信仰与奉献的精神,发扬人性至善的光辉,都是不恋世间荣华,以法为重,以众为我,肩负起弘化救世的责任。

美国哲学家爱默生说:"有怎样思想,就有怎样的生活。"佛教也说:"三界唯心,万法唯识。"一个人心念常想的,便会造就他的人生与事业。

更新

"更新"是开发潜能,"更新"是不断净化,"更新"是自我的升华。身体需要新陈代谢,才能循环流转;四季需要更新交替,万物才能应运而生,我们的思想观念也要不断更新,才能有所进步。如何更新呢?有四点意见:

第一,从复杂中求取单纯

社会很复杂,人生也很复杂,或许三个人就有四种看法,让人觉得很复杂。声音多不要紧,能将世间万物提纲挈领,化繁为简,运用自如,就是一种智慧。尽管有很多异议,我们也可以单纯处理。思想单纯,不钻牛角尖,心灵才会清净;对自我利害得失不计较,才不会有烦恼,才能活得自在。

第二,从变化中求取认同

这个世界不但一天一天在变化,一时一时在变化,前一分钟与后一分钟,可能整个世界就不一样了。我们要从变化中委曲宛转,求取认同,但又能进步充实,保有真心,追求生命最高的境界,这样才能免于随波逐流,如同维摩诘居士的虽处居家,不着三界,不失本真。

第三,从多元中求取统一

现在的社会,有不同党派,不同事业,不同观念,佛教也有八宗之分,甚至佛国净土有东方琉璃世界、西方极乐世界等。尽管有多元的世间,自己可以从很多的差别里,求取自己心中的统一。《六祖坛经》说"生佛平等,自他平等",懂得自他平等,明白万物都有因缘,就能从差别中求取平等,从矛盾中求取统一,从是非对待中超越,而发现一如的真相。

第四,从混乱中求取安定

我们每天一出门,就会看到很多混乱的现象,报章媒体也是众多的人我是非。在这许多混乱之中,我们可以学习陶渊明的"结庐在人间,而无车马喧";程灏说的"眼观歌舞,但心不随境转",从混乱中,找出自己安身立命的办法,不论做人处世,在混乱里,能明白真理,通达情理,就能安然自在了。

希望企业永续,必须观念更新,技术更新,方法也要不断地推陈出新;文化智慧,要世代交替,才能流传千古,生生不息;自我的生命,要如户枢不蠹,流水不腐,才能日新又新。

自他古今

在这世间,有许多的分别,人类有男女老幼,空间有上下左右,时节有昼夜冷暖,人生有荣枯善恶等,乃至人际有自他不同,时间有古今差异。在这么多的不同中,什么是"自他古今"的分别?以下四点说明:

第一,自家富贵不着心里

拥有富贵荣华,究竟是好是坏?其实都在一念之中。如果你太执着于有钱、有势、有功名、有利禄,就会介意、挂念,甚至为之羁绊,感到不胜负担。但假如你能拥有而不负担,随缘而不着意,"富贵于我如浮云",那么,在你的世界里,什么东西都能容纳,就能逍遥自在,心的世界,也自然宽广无限。

第二,他人富贵不着眼里

他人的富贵,你歆羡吗?你贪图吗?假如是,你的心志就动摇了,日子就辛苦了,你会成天追逐这些而疲惫不堪。但如果你不将他人富贵着于眼里,好比"文官不爱钱,武将不惜死"的精神,在少欲知足的清净中,一样可以安身立命。战国时代黔娄,家徒四壁,能安贫守道;居陋巷的颜回,一箪食,一瓢饮,也乐在其中。唯有不受富贵诱惑,不因穷困而丧志,就能坚持信念,成就大器。

第三,古人忠孝不离胸中

忠孝是来自内心的感情良知,维系人际间伦理纲常。在佛教里,佛陀为父担棺,又以"亲族之荫胜余荫"感动琉璃王退兵,避免攻打祖国;目犍连救母离地狱脱苦海,舍利弗入灭前,返故里向母辞别;在历史上,岳飞精忠报国,关云长赤胆忠义,文天祥的忠肝义胆,处处显示古人的忠孝不离心中,更求忠孝两全。

第四,今人忠孝不离口中

忠孝是传统的美德,至今许多人却视如戏言,只是口上说给别人听,自己却不一定会去做。像现在,忤逆不孝的事件,时而闻之;甚至道德沦丧,不顾社会国家的事件,也经常见到,实在令人不胜唏嘘。

"今人不见古时月,今月曾经照古人"。时代不断在演进,古人美好的行仪,是今人效法的处世原则;世间虽众多纷扰,心中有原则,就不会在妄想分别的洪流中迷失。

增加什么

中国人过年,家家户户几乎都会张贴春联,以讨个吉祥与喜气。一般常见的春联如:"天增岁月人增寿,春满乾坤福满门。"可见大家的心理都希望能增福增寿。其实,人生除了福寿以外,还需要增加的东西很多。人生到底应该增加些什么呢?有四点意见:

第一,对亲友,要增加一些关怀和照顾

人,不能没有亲戚,不能没有朋友,我们对亲戚朋友,应该多付出一些爱心,多给予一些关怀、照顾;我们给他们关心、照顾,从对亲朋好友的爱心关怀,推广开来,继而能对一切众生生起"无缘大慈,同体大悲"的慈悲之心,这就是"同体共生"的体现。

第二,对社会,要增加一些结缘和奉献

人在世间生活,都是受到社会大众的诸多因缘成就,才能生存。所以,我们对社会、对大众,要心存感恩,要懂得奉献、回馈;借此不但自己可以广结善缘,同时也是善尽对国家社会应有的责任。

因为众缘合和的社会,如果大家都能抱持结缘、奉献之心,"我为人人,人人为我",就会形成一种善的循环,则社会必然一片祥和。所以我们对社会,应该多增加一些结缘和奉献,这是每个人应有的认知和使命！

第三,对做事,要增加一些主动和勤劳

主动参与、勤劳做事,这是积极的人生态度。一个人如果凡事被动,将会因此失去很多学习、成功的机会;一个人如果懒惰、懈怠,即使满腹才华,也无用武之地,如此与平庸无异。

因此,人不一定要聪明能干,重要的是肯主动学习、主动参与、主动助人、主动融入大众,并且勤劳做事,不怕吃苦,也不怕吃亏。能主动、勤劳,苦干、实干,这是成功立业的要件。

第四,对自己,要增加一些满足和快乐

人生最大的幸福,就是知足常乐,这也是每个人与生俱来、人人平等拥有的财富。但是有的人因为欲望多,烦恼随之而来,因此活得不快乐,这是人生最大的损失。一个人即使拥有万贯家财,如果活得不快乐,人生往往失去意义。因此,我们对自己要增加一些满足和快乐,而获得快乐最好的办法就是真心给人快乐。再者,懂得感恩知足的人,快乐也会随之而来,因为"快乐在满足中求,烦恼从多欲中来",知足的人,才能常乐。

招殃

古人说:"升天自有升天福,不是求仙便得仙。"人的福分多少,自有因果关系,如果不肯培福修德,只是一味地贪心妄求,有时不但"求荣反辱",甚至为自己招致灾殃,所以"招殃"之事切莫妄为。有四点说明:

第一,贪图虚名者易招损

人多数都很好名,好名并非不好,所谓"三代之前唯恐好名,三代之后唯恐不好名"。有时候好名也是一种荣誉感,然而人要留得好名声,一定要实至名归,千万不可沽名钓誉。有的人贪图虚名,结果名不副实,到头来不但被人看轻,受人耻笑,而且名誉遭损,真是得不偿失。

第二,无德求福者易招谴

有人说道德可以"四两充半斤",不过这是一时的;一个人有德无德,从他的心性、作为,日久还是会显露无遗。一个没有道德心的人,自己不修德,一心只想追求外在的福德因缘,比方说要人尊敬,要人拥护,但自己没有道德,自是无法令人服气,同时也将遭到别人的谴责、唾弃。

第三，无功受禄者易招辱

有功则赏，有过则罚；赏罚分明、论功行赏，这是任何国家、团体，乃至军队维护纪律的法则。过去古人讲究无功不受禄，现代的人则是恃功而骄，只要有一点小贡献，就希望获得表扬，就想邀功。甚至有的人没有功劳而妄求赏赐；没有功劳就受到奖励，反而给人看轻，这是自取其辱。所谓功劳、贡献，都应该是众望所归，如果有功的人，能够待人谦虚，不居功、不傲慢，在功成名就的时候，自谦、自卑、自下，则更为可贵。

第四，争名夺利者易招殃

名利，远观则能洒脱。但是，一般人的一生，总因名缰利锁而自我束缚、自我设限、自我封闭。一个人名利的欲望愈大，幸福的笑容愈少；名利的拥有愈多，生活的压力愈重。甚至有的人为了争名夺利，时时与人钩心斗角，最后终于招致无边灾祸。所以，做人要能淡泊物欲、看淡名利，才能自在、才能平安。

"祸福无门，唯人自招"。是福是祸，都是自己的行为所造作，因此"招殃"的原因，不得不注意。

取与恕

人皆有所长,也有所短,因此人和人相处,要观德莫观失。能够取其长而用、恕其短而容,则世上没有不可用之人。关于"取与恕"之道有六点:

第一,取人之憨,恕其痴愚

有时候我们看一个人很憨直,觉得这个人好像不是很聪明,不是很灵巧。不过没有关系,憨直的人你要欣赏他的宽厚,要包容他的痴愚,你可以交代给他一些不必临机应变的工作,只要让他听命做事,他一样可以胜任愉快。

第二,取人之朴,恕其笨拙

有的人生性朴实无华,他不会用华丽的言辞讨人欢喜,只是安分地守着自己的岗位。对于这种人,你要宽恕他的笨拙,进而要欣赏他的质朴。一个人能够保持朴素的本性,也是很可取。

第三,取人之介,恕其执着

有的人做事一丝不苟,做人更是正直不阿。对于耿介正直的人,有时候虽然稍嫌执着了一点,但这种人不容易为利益所诱惑,比较容易秉持正义行事,因此只要你能容得下他的执着,也是很可托负重任的人。

第四，取人之敏，恕其疏失

有的人做事很灵巧，反应很敏捷，不但动作快速，手脚利落，而且脑筋动得很快。只是有时候过分求快，难免在言语之间，或是做事方面显得不够周全。对于这种人，我们要原谅他的偶有疏失，要借重他的快速灵敏，让他发挥所长。

第五，取人之辩，恕其放肆

有的人对是非、善恶、好坏，总是分辨得一清二楚，而且经常放言高论，难免给人傲慢放肆之感。但对于这种敢言能言之人，我们不要嫌他放肆，应该取其辩才，发挥舆论的匡扶之功。

第六，取人之信，恕其拘谨

有的人很讲究信用，凡事实事求是；由于过分重信守诺，有时候显得不够圆融随和，不会通情达变，甚至给人拘谨的感觉。对于这种人，我们要接受他拘谨的一面，要赞许他重然诺、守信用的美德。

总之，人不可能十全十美，不可能样样都好。每个人虽有所短，必有所长，所谓"天生我材必有用"。所以，人不可以妄自菲薄，也不可以妄下论断，轻易判人生死，应该"但取其长，舍其所短"。

不足之患

人,都有无限的潜能,但多数人不懂得开发自己内在的能量,所以经常自感不足。因为能力、知识不足,因此走不出去,于是故步自封;愈是不走出去,就愈落伍,一生只有在原地里兜圈子。所以,一个人失败的原因,都是因为自己不足,因此造成遗憾。"不足之患"有四点:

第一,识不足则多虑

一个人的见识、知识、认识不足时,就容易产生疑心,且多焦虑、烦躁。例如一个落后的国家,在医药方面因医疗知识不足,因而降低了人民的平均寿命;在经济方面,因缺乏工商的技术知识,而降低了人民的生活所得;在科技方面,因新知的不健全,而降低了人民的生活水平。现代是一个物竞天择的时代,无论在人与人之间,或是国与国之间,都是竞争相较激烈的时代,每个人都必须终身学习,才能不断地提升自我的知识,才能免于被时代淘汰的忧虑。

第二,威不足则多怒

一个人如果威德具足,则能不言而善化他人;反之,一个没有威德的人，往往"言者谆谆，听者藐藐"，并且因他人不能信服自己，而容易生气动怒。人，要建立自己的威德，必须言行一致，所谓："君子欲言必行在先"，如果自己凡事以身作则，且能进德修业、庄重威仪，必能受众人拥戴，且在领众上，即使不怒也能服人。

第三，信不足则多言

《老子》说："信不足焉，有不信焉！"人常因为自己的信用不好，让他人产生怀疑，或是对他人的信誉不相信，而让自他产生怨言。例如对别人的信赖不足，就容易产生闲话与是非；对一件事情的信心不足，就容易前后踌躇，不知道该怎么决定，甚且容易产生埋怨与慨叹；对领导者的信任不足，就容易产生不拥护与意见纷歧。所以，信不足则多言。

第四，诚不足则多心

有时候人我相处，最重要的是靠一个"诚"字，诚信最重要。我对你很诚实，你怎么会对我不忠诚呢？我对你很诚恳，你怎么会对我不信服呢？所以交友、处事，重在一个"诚"字，如果诚信、诚恳不足，就连自己也要多心，人家怎么会接受你呢？诚信是尊重他人，诚信可为道德的准则，诚信是企业发展的基础，诚信也是市场营运的必备条件。老子所谓："夫轻诺必寡信，多易必多难"；反之，一个重诚信者，必定容易成功。

人，不怕自己不足，只要能"知所不足"，进而发奋图强；就像干电池，只要加以充电，有朝一日必能发挥能量。所以了解了"不足之患"才能面对他、改善他。

灾祸之根

在日常生活里,有时我们会遇到好事,偶尔也会遇到坏事。遇到好事就说:"今天好幸运!"遇到坏事则说:"今天好倒霉!"或是抱怨:"为什么厄运总是降临到我的身上呢?"其实人生的祸与福,各有其因缘。关于"灾祸之根",有四个原因:

第一,不重视亲朋故旧

对于亲戚、朋友、故交不重视的人,是属于自大我慢、不知感恩者。"羊有跪乳之恩,鸦有反哺之义",《诗经》也说:"嘤其鸣也,求其友声";牲畜尚且有感恩的孝心,禽兽亦有呼朋引伴的友情,人类难道能悖礼无德、不敬亲友吗?人,从小至大,接受友人的提携之情,难以计数;接受亲人的照顾之恩,浩瀚难报。如果不知感念,不重视亲朋故旧,则其人必会因此而亲疏远离,孤独一生。

第二,不相信因果报应

不相信因果为什么会招致灾祸呢?因为一个相信因果的人,当他动念想做坏事的时候,他知道为恶必受果报,就不敢随便造次;反之,不相信因果的人,为了自己的利益,往往不择手段,为所欲为,甚至肆无忌惮地杀人、抢劫、欺骗等坏事做尽。我们看监狱里的受刑人,不都是因此而锒铛入狱的吗？所以不要心存侥幸,因果"丝毫不爽,纤毫受之";不信因果报应,很容易招致祸患。

第三,不知道安贫守道

有一天孔子问颜回:"你这么穷为什么不去做官呢？"颜回说:"城外的土地,可以供我吃饭喝粥;城内的土地,可以供我穿衣;家里中的琴,可以让我自娱;老师的大道,给我无上乐趣,所以我不愿去当官。"知足才能获得平稳的生活,若能"不戚戚于贫贱,不汲汲于富贵",则能安贫守道;反之,无餍足的心,终将驱使自己贪求造罪,因而带来无边的祸害。

第四,不明白随缘随分

在生活中,不明白随缘随分的人,往往在因缘不具的时候,偏要妄求,而让自己徒增烦恼、压力与不愉快;有时该是随喜成就一件好事的时候,偏又不肯随缘,而让周围的人对你反感,自己也过得不快乐。所以,一个不随缘、又不随分的人,就是没有认清自己的本分,如此违逆自然,当然不会有好的结果了。

语云:"祸福无门,唯人自招。"一个人的遭遇好坏,与自己日常的所作所为有关。创造善因善缘,就是获福灭罪的机会;为非作歹,就是轮回受苦的因缘。

"有"之后效

"要怎么收获,先怎么栽"!凡事有什么"因",就会有什么"果";有什么样的条件,才能成就什么样的结果。了解先后的因缘关系,才能有次序地规划,从先后次序中获得更好的效果。所以,在生活中应注意自己的一言一行,尤其要慎防于因。"有"的后效,有四点看法:

第一,做事要有兴趣,然后才有乐趣

我们无论做什么事情,都要先培养做事的兴趣,有了兴趣,才能产生乐趣。兴趣,是忍耐的基础;兴趣,是热忱的动力;兴趣,是学习的泉源。凡事有了兴趣,就能激发求知的意愿,而能不怕辛苦,不计较利益多寡,不管成败得失,把做事当成是一种学习,从中获取经验、知识,且能体会工作的乐趣。

第二,为人要有正气,然后才有义气

做人要争气,不要生气。所谓"争气",并不是争一时的傲气,而是争千秋的正气。有了浩然的正气,才能为国、为家发出大忠大孝的正义之气,如投笔从戎的班超、鉴湖女侠的秋瑾,他们都是由正气而发出了"虽千万人,吾往矣"的忠义之气。

第三,求学要有成绩,然后才有功绩

一般人无论做什么事情,都希望有好的成绩。如学生读书,要经过考试,有好成绩才能升学;公务员的等级,也要经过评鉴,有好政绩才能晋升等;社团的成效,也要经过评鉴,才能认定这个社团有没有绩效。而这些评鉴的成绩好坏,都是肯定你平时努力的多寡,所以读书求学、做人做事,都要有成绩才有功绩。

第四,交友要有慈心,然后才有真心

《过去现在因果经》提到,与朋友往来之道:见朋友有过失,要劝谏;朋友有好事,要深生随喜之心;朋友有苦厄,要不相舍弃,这就是一种慈悲心的表现。交朋友要有拔苦予乐的心,要能协助朋友从忧悲苦恼中解脱出来,并且能甘苦与共、生死不离,如此才能真心相待。

我们无论做事也好,待人也罢,都应该给人欢喜、给人信心、给人希望、给人方便;能够发自内心喜舍,有了好的因,才能利乐自他,才能圆满人生。

如何规劝

当一个人的言行有了过失或不当时,我们给予良言忠告或直言规劝,使之改正错误,即为"谏"。其实,谏的类型和方式,并非如此单一。古人为了勇于规劝对方,除了直言不讳者以言语劝谏外,也有以艺术形式委婉地进行劝说者。如北宋名相寇准的侍妾茜桃,为了规劝寇公体察民情,戒奢尚俭,以"诗谏"的方式,写下了《呈寇公》谏诗两首。又如清初画家蒋伊,以绘画代书,言事喻理为民请命,收集了民间疾苦和酷吏秽闻,创作了12幅画,于康熙十八年,斗胆向康熙进献,是为"画谏"。

中国向来自称是"礼仪之邦",由于长期的文化积淀,交际言词崇尚委婉、曲折,而谏词则要求含蓄。时至今日,官民关系已发生了很大的变化,但是讲究进谏的方式和艺术,以求得规劝的最大效果,看来还是有必要的。因此,"如何规劝"? 有四点意见:

第一,讲话要含蓄,切忌太露

当我们责备一个人时,用词要含蓄,最忌讳的就是太露骨、太过锐利,伤害了对方的尊严,这样不但不能被人接受,反而心生反感。所以,责人之过要让对方堪受,要给对方留有余地,让他能够接受；能够令人欢喜接受，这是规劝的先决要件。

第二，态度要委婉，切忌太直

当我们规劝他人的时候，态度不要太严峻、太粗鲁，有时候责备一个人，反而要对他更加有礼貌、亲切、委婉，不可以太过直接。如果你直言不讳伤害了他，让他不肯接受你的意见，那就失去了劝谏的初心。

第三，处事要圆融，切忌太真

做人处事最要紧的就是圆融，切忌太真，有时候做人太过方正，难免得理不饶人。因此，方和正固然很好，但是圆融更重要，因为凡事圆融一点，让人家在你的包容里，感觉到如沐春风般，对方便能体会你的圆融，接受你的善意。

第四，做人要宽厚，切忌太苛

做人处事的妙诀就是要厚道，最怕的就是太苛刻。小小的事情不要太计较，只要大事不糊涂，小事不必太介意。甚至在利益上，也要让人家多分一点，多得一点利益；假如你比他优秀，更应该多包容他、爱护他，不可太过严苛，让别人感受到你的宽厚，自然欢喜和你在一起。

古德云："良言一句三冬暖，恶语伤人六月寒。"语言是传达感情的工具，但若运用不当，则成为伤人的利器；更何况给予他人规劝的话，又是最敏感的语言，我们说话能不谨慎吗？因此，会说话的人，首先考虑的是，一句话说出来，是否传达了自己的意思，对方能否欢喜接受，所以规劝也要有规劝的艺术。

有用的条件

人,都希望成为一个有用的人,除非是自甘堕落、不肯上进,否则没有人愿意做一个没有用的人。但是有用无用,就要看这个人愿不愿意被用,有的人虽然怀有一技之长,但是他不愿意为人服务,不愿意以自己的技能贡献社会、团体,像这样的人,即使有用也会变成没用。

反之,有的人虽然没有特殊的技能或本事,但是他很勤劳,又肯为人服务,所以大家都喜欢他,也觉得缺少不了他,而这样的人,即使没用也会变成有用。因此,什么才是"有用的条件"? 有四点意见:

第一,要有高尚的品德

做人的根本,品德第一,所以一个人宁可以不聪明,没有能力,但不能没有高尚的品德。例如佛教讲慈悲喜舍、惭愧感恩,这是做人的根本;中国儒家讲三纲五常、四维八德,这是做人应有的品德。现在的社会,讲究守时守信、服务奉献,这都是美好的品德。乃至现在提倡不抽烟、不喝酒、不吸毒品、不涉足色情场所等,这些都是做人应该具备的品德。一个人如果光是有学问、才华,而没有品德,一旦走上歧途,结果聪明反被聪明误。所以,我们要想做一个有用的人,先要为自己确立高尚的品德。

第二,要有丰富的知识

一个人要想成功立业,丰富的知识是必备的条件之一。有时候成为专家、专才固然好,但是在多元化的现代社会,也不能不接受一般的通识教育;能够广博多闻,之后再一门深入,更能发挥长才。所以一个人要在社会上立足,对于世间的知识、个人修养上的知识、利众为人的知识,乃至出世间的知识,都应该博学通达。

第三,要有善良的性格

一个人的性格,可以决定一个人的成就。有的人很有才华、能力,但是性格孤僻,自私自大,难以融入人群大众,他的成就自然有限。所以,做一个有用的人,首先在性格上要能与人为善、从善如流,要懂得体贴别人、体谅别人、包容别人,在与人相处时,能够给人方便、给人空间,让人欢喜与你亲近,自然获得人望。

第四,要有健康的身体

俗语说:"留得青山在,不怕没柴烧。"健康的身体是一切成就的基础;失去了健康,再大的抱负也难以施展。所以,一个人有了丰富的学问、高尚的品德及善良的人格之外,还要有健康的身体,才能发挥所长,成为一个有用的人。因此,平时的自我保健,是成功不可或缺的要素!

人,宁可无用,但不能无明;能够明理,而又有用,当然更好。